ROBERT DE MONTESQUIOU

DIPTYQUE DE FLANDRE
TRIPTYQUE DE FRANCE

LE PEINTRE AUX BILLETS

LE PASTEUR DE CYGNES

LE BROYEUR DE FLEURS

L'INEXTRICABLE GRAVEUR

LA PORTE OUVERTE AU JARDIN FERMÉ DU ROI

OUVRAGE ORNÉ DE CINQ PORTRAITS

PARIS

ÉDITIONS E. SANSOT

R. CHIBERRE, Sr

7, Rue de l'Éperon, 7

IL A ÉTÉ TIRÉ DE CET OUVRAGE

CINQ CENT CINQUANTE EXEMPLAIRES

dont dix exemplaires sur vieux Japon, numérotés de 1 à 10,
vingt exemplaires sur Hollande teinté de Van Gelder Zonen,
numérotés de 11 à 30,
cinq cents exemplaires sur vergé d'Arches,
numérotés de 31 à 530,
et vingt exemplaires sur alfa, numérotés de 531 à 550
(hors commerce).

JUSTIFICATION DU TIRAGE

N° 452

DIPTYQUE DE FLANDRE

TRIPTYQUE DE FRANCE

OUVRAGES DU MÊME AUTEUR

A LA MÊME LIBRAIRIE

L'HÉROÏSME DE LA MÉLANCOLIE
Poème de la Guerre

Les Offrandes Blessées . . . . 1 vol. in-16.
avec un frontispice d'après INGRES.

Sabliers et Lacrymatoires . . . . 1 vol. in-16.
avec un frontispice d'après RODIN.

Un Moment du Pleur Éternel . . . . 1 vol. in-16.
avec un frontispice d'après BEARDSLEY.

ÉTUDES ET ESSAIS

Têtes Couronnées . . . . 1 vol. in-16.
Majeurs et Mineurs . . . . 1 vol. in-16.

Au

Maître BOLDINI,

son modèle,

qui lui devra de vivre

au delà « des jours changeants ».

Robert de Montesquiou.

DIPTYQUE ET TRIPTYQUE

Ce qui suit ne représente que les éléments d'un beau livre. Je les ai glanés autour des expositions d'*Alfred Stevens,* de la lecture de *Rodenbach,* de l'examen du personnage et des œuvres de *Monticelli* et de *Bresdin* (celui-ci serré de plus près), enfin de la fréquentation des ouvrages de *Mallarmé* et de leur auteur.

Le plus jeune de ces essais date d'environ quinze années, je laisse à penser des autres. Plutôt que de les laisser attendre indéfiniment une mise au point difficile à des productions

d'époques différentes et, par suite, forcément disparates, j'aime mieux leur donner la vie à l'état
d'ébauches assez poussées. Aujourd'hui le temps
passe, même presse, il me faut choisir de laisser
ces esquisses abondantes et développées dormir
dans la nuit des cartons jusqu'à ce que moi-
même je m'endorme, ou de leur accorder une
lumière qui laisse voir leur imperfection, mais
aussi leur application et un sincère souci de servir les causes auxquelles leur prédilection les
attache.

J'hésite d'autant moins que des détails exacts,
de savoureux récits, des anecdotes véridiques ou
vraisèmblables me paraissent quelquefois assurer à ces pages une instruction de catalogue
associée à des dissertations apologétiques et à
une distraction de *Mémoires*.

Telles quelles, je les publie, ne fût-ce que
pour m'en délivrer et pouvoir consacrer le temps
qui me reste à quelques volumes que je veux
hâter.

J'ai encore à solliciter l'indulgence pour la présentation de ces cinq morceaux : ces études sont vieilles, leur phraséologie, compliquée et pauvre, n'est plus guère de mon goût, encore moins leur ponctuation imprécise et sommaire ; mais j'en aime toujours les sujets, et surtout l'hommage qu'elles s'efforcent de rendre à des artistes élus, dont les trois derniers sont groupés en une fraternité de méconnaissance, puis de reconnaissance tardive, bien faite pour séduire, dans un temps où rien ne séduit plus, et encourager, à l'heure où l'encouragement n'est plus de saison, ceux qui croient, en art, au festin évangélique, où les premiers deviennent souvent les derniers, et où les derniers ne le sont pas pour toujours.

ROBERT DE MONTESQUIOU.

I

DIPTYQUE DE FLANDRE

AU PAYS
DES CIELS SONORES

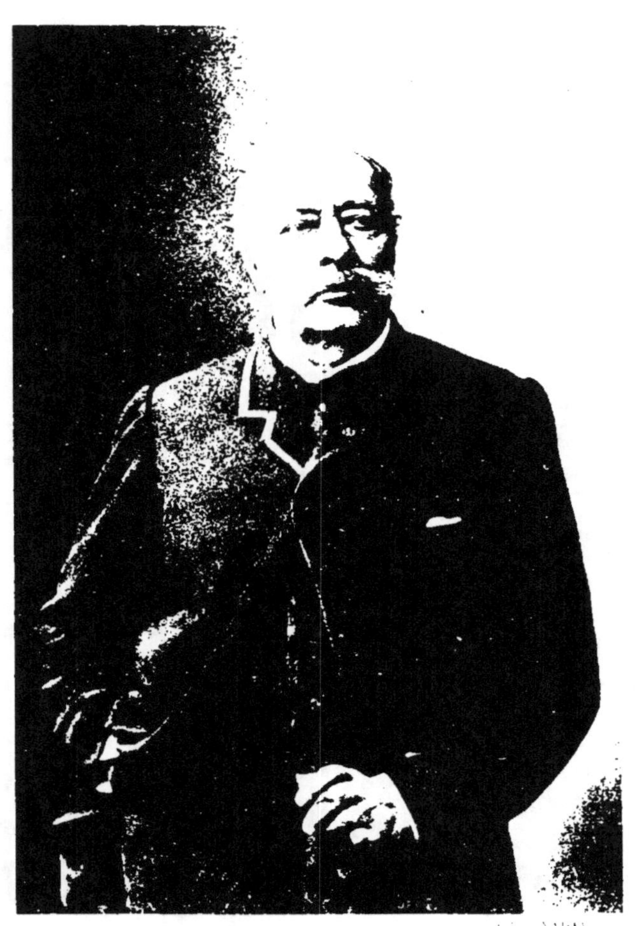

ALFRED STEVENS

1828-1906

I

Le Peintre aux Billets.

Alfred Stevens

« Qui dépense en colère inutile, en fumée,
Tous ces géants, Vésuve, Etna, Chimborazo,
Et fait porter un monde à l'aile d'un oiseau. »

Ces vers !sur les anomalies de la Création me
revenaient à l'esprit, dans ce fin Musée du Mau-
risthuis, en présence du *chardonneret enchaîné*
de Karel de Fabritius. Combien plus éloquent
que tant de banquets de corporations, l'oiselet
aux oreillettes de vermillon, perché sur sa man-
geoire, minuscule Prométhée emplumé, au car-
can d'une chaîne de montre ! — Magicien prestige de l'art ! un passereau, son auget, leur
ombre, et voilà de quoi créer un rival inquiétant
pour le Paradis de Tintoret, le plus vaste tableau
du monde.

Les ombres et les reflets constituent deux portions délicates de cette petite-maîtrise Flamande dont l'inimitable intimité édifie la triomphante renommée. Délicatesse se pouvant creuser aux proportions de la profondeur. L'infini recule au fond de la cruche de la cuisinière de Vermeer. Un clou sans usage est au mur, projetant son ombre aussi. Une vannerie accrochée, une faïence, des pains de forme bizarre, assez semblables à des sabots d'enfants, une paysanne occupée à verser du lait, quelques pouces de toile, et voilà l'homme sensible plus ému que devant le *Jugement Dernier* de Michel-Ange. Vermeer est dieu. Il crée de rien. On dirait que pour mieux prouver son pouvoir, il choisit un sujet indigent qui devra tout au maître. Une femme d'une grâce simple, sans beaucoup de beauté, lit debout une lettre qu'elle vient de recevoir. Sa bouche s'entr'ouvre d'un paisible attendrissement aux nouvelles du voyageur dont le parcours se trace sur une carte appendue au mur. La robe de la lectrice a le bleu serein d'une mer calme; et sur la table à ouvrage l'extrémité d'un collier roule quatre grosses perles d'un bel orient, présent du marin au long cours. Le *Géographe* de la collection Alphonse Rothschild, nous entraîne aussi vers les lointains ; et les dessins du lampas affectent, sur sa riche robe de chambre bleue, des sinuosités que répètent les méandres des pays, sur sa mappemonde. A La Haye, c'est un paysage, une vue de Delft, sous un ciel bas et voilé, recouvrant la cité comme d'une cloche qui rend les contours plus nets, les couleurs plus distinctes. Le ton des briques de Vermeer a la veloutée et chaude richesse d'un pétale de giroflée ; ses arbres sont d'un vert noir de myrte ; le premier plan du tableau est fait d'une partie de sable d'un jaune rose, marbré d'un peu de noir, qui rappelle la nuance d'une tranche de pastèque. Et sur ce terre-plein quelques bonnes gens causent discrètement dans la dorure éparse d'une atmosphère du soir, qui semble une lumière d'auréole.

J'ai parlé de reflets ; j'en sais un exquis dans un tableau attribué à Weenix, au Musée de Bruxelles : une dame aux épaulettes ornées de curieux agréments en velours caroubier, est assise à sa toilette et se tapote les seins devant son miroir. Mais la rareté de ce tableau est son éclairage ; il filtre finement d'une fenêtre dont les vitres plombées en découpent le reflet projeté

sûr une paroi vis-à-vis, comme les mailles d'une
aile de libellule. — Quant aux ombres, je n'en
sais pas de plus quiètes que celles qu'arron-
dissent quelques assiettes dressées sur la tablette
de la haute cheminée dans une autre peinture
du même Musée, étiquetée *Ungekant*, et que
j'attribuerais volontiers à Esaïas Boursse : une
vieille femme courbée et vue de dos, range des
vêtements dans les tiroirs d'un meuble, au-devant d'une courette qui distille le poudroiement
lumineux dont se trament ce jour discret et
ces délicates ombres.

Cette visite au Musée de Bruxelles, et à mes
souvenirs, en même temps que la sensationnelle
exposition qui, par une faveur sans précédent,
bien due au grand artiste qu'elle veut honorer,
s'ouvre, en ce moment, dans les salles de l'École
des Beaux-Arts [1], m'offre une bienvenue occasion
de consacrer à un Verméer vivant, à Alfred
Stevens, un peu de ce qu'un grand poète a
nommé : *rêverie d'un passant à propos d'un
roi*. Certes Stevens fut et demeure hautement
apprécié de son temps, et les plus glorieuses
consécrations le lui ont prouvé. Une ancienne

1. Une indication qui date cet article.

toile de lui vient d'être acquise, un prix élevé, par sa ville natale, et ajoutée à ceux de ses tableaux qui faisaient déjà l'ornement du Musée de Bruxelles.

Certes, il n'est pas de bonne fête des yeux, dans un lieu orné, sans un Stevens de derrière les années ; car voilà tantôt cinquante ans que ce dernier des grands Flamands peint ses tableaux de chevalet minutieux et vastes. Il en résulte l'injuste reproche que lui adresseraient volontiers les observateurs superficiels : *dater ;* comme si ce n'était pas une condition essentielle, tout au moins une raison majeure pour *durer.* L'intérêt de la curieuse terre-cuite hispano-phénicienne, la tête d'Elché, réside moins dans la physionomie du visage fardé aux lèvres cruelles et peintes, que dans cette coiffure typique et monumentale. Ce qui confère aux personnages du peintre de l'*Embarquement,* leur caractère saisissant d'authenticité dans le rêve, c'est ce fait, historique maintenant, de la réalité de leurs mascarades qui, dans l'intervalle de répétitions pour des comédies de société, se répandaient, à demi déguisées, sous les ombrages d'un vieux parc où Watteau fixait pour l'éternité leurs silhouettes transitoires. — Les spéciales élégances

du Second Empire, trop voisines encore pour
qu'on les puisse juger sans passion, sont fixées
ainsi dans les anciennes toiles d'Alfred Stevens.
Cette mémorable vente Édouard Delessert, qui
vient de dérouler son encan, renfermait, de ces
ajustements, un spécimen drôlatique : une poupée que ce *curieux* spirituel et un peu bizarre
fit, plusieurs lustres durant, habiller, juponner,
coiffer, chausser, chaque année, au dernier
goût du jour, par les faiseurs les plus réputés,
j'imagine, après Félicie et Palmyre, Worth et
Virot, pour doter de ce contingent en réduction,
sans doute en souvenir de ses premières amours,
cette période de l'histoire du costume.

C'est dans les tableaux d'Alfred Stevens que
l'avenir les admirera, véridiques et pourtant
imperceptiblement stylisés par le goût d'un tel
Maître, ces atours, aujourd'hui surannés, puis,
demain aussi éloquents, et non moins lointains
que les paniers d'une Adélaïde par Nattier, ou
les brocarts d'une Hérodiade par Metzys, sécu-
laires aspects de la femme fraternellement réunis dans l'histoire et dans le temps par le voisi-
nage d'une paroi de Musée. Ne pourrait-on pas
dire qu'une mode est surannée, tant qu'elle ne
saurait être portée dans un bal costumé, sans

risquer l'équivoque de se rencontrer en même
temps sur les épaules d'une personne d'âge, qui
se serait égarée là sous sa toilette d'habitude ?[1]
Toilettes qui furent encore celles de nos mères,
— dont quelques-unes s'obstinent à n'avoir que
quinze ans ; belles robes dont les cloches
soyeuses semblaient de géants pétales d'althœa
retombants, et desquelles les fleurs brodées,
brochées, chinées ou peintes, couraient sur les
réseaux à la fois souples et résistants de la cri-
noline, telles que des pariétaires sur un treillage.
Je dirai un jour, dans quelques pages que je
voudrais écrire sur la mode, ce qui, à mon
sens, faisait leur beauté ; je ne veux aujourd'hui
que les saluer, dans les admirables tableaux du
vieux grand maître qui les a d'avance immorta-
lisées. Robes dont les contours crénelés donnaient
aux flirts du temps quelque chose d'obsidional
et, aux amoureux qui les entouraient, l'allure
des assiégeants d'une ville. Jupe en soie du
jaune d'un bouton d'or un peu éteint, dans ce
tableautin du Luxembourg que le globe laiteux
d'une lampe qui a veillé, éclaire comme d'une

---

1. Un phénomène que j'ai vu se réaliser et signalé depuis,
dans mes « Délices ».

transparence d'hostie. Cette lampe montée de bronze est faite d'un vase de l'Extrême-Orient, décoré en Chine d'un polychrome écusson, comme il fut un temps de mode dans nos vieilles familles. Les missionnaires se chargeaient de ces commandes qui s'exécutaient parfois de façon assez baroque. Je me souviens d'une innombrable porcelaine de la Chine aux armes des ***, qui contenait, on ne sait comment, tant de bourdalous, qu'on s'était vu contraint... d'en faire des saucières ! — Revenons au plus poétique *Retour du Bal*, de Stevens, quintessence de féminisme, comme la plupart des tableaux de cet artiste.

Du succès demeuré moyen d'un demi-peintre d'élégances féminines qui s'y essoufle sans somptuosité, on donnait cette raison qu'il ne les aimait pas assez. Oh ! que cela ne se pourrait pas dire d'Alfred Stevens ! Je me souviens d'avoir écrit de lui ces vers du moins exacts :

> ...de Stevens, une Étude
> Où l'odeur de la femme a toute pénétré
> Par un bout de satin dans cette toile entré.

Mirages, miroitements d'étoffes aussi invitants que les eaux sous lesquelles chantaient les sirènes. Eaux qui roulent des perles, toujours. Quatre seulement s'irisent dans le Vermeer du Ryksmuséum; elles pleurent plus longuement au col des héroïnes du vivant Vermeer, elles pleurent avec ces jeunes femmes, car elles sont tristes ces Ophélies. Ophélies, les nommé-je ainsi ? Peut-être. Le Maître l'a fait une fois dans un de ses plus charmants tableaux qui me touche de près; et c'est la grande sœur de toutes les autres. Oui, des Ophélies qui ont connu et goûté l'amour, mais qui, sous leurs atours bonapartistes, bouffants, et un peu bouffons, le baignent de leurs pleurs et de leurs perles. Elles tiennent des lettres décachetées dans leurs belles mains, dont les ongles semblent les pétales polis d'une rose en coquillages; la turquoise qui meurt à leur doigt n'est qu'une plus tendre expression de ce chagrin et leurs diamants ne sont que des larmes plus éclatantes. Et cela s'appelle de noms un peu pareils à leurs garnitures : *Douloureuse Certitude,* etc. Mais, que cela est beau! Cette Madame de Beauséant ultérieure qui revient du bal, qui lit et froisse un perfide billet d'amie, un froid congé d'ami, écrits dans une langue datant encore un peu de Marceline.

La robe est à volants en taffetas gant de Suède,
(Stevens n'aime pas les satins) ; un cachemire
des Indes renversé en arrière, mais tenant encore un peu aux épaules par un de ces gestes
qui constituaient un sursaut disparu des gym-
nastiques de la coquetterie, a servi de sortie
de bal. Et les joyaux que transforme en pleurs
sanguinolents un rougeoyant jour de lampe,
nous enflamment d'une admirative pitié pour ces
déceptions parées.

Une autre *Douloureuse Certitude*, celle-ci en
toilette de jour, s'accoude au bureau-cylindre
marqueté, dont Stevens aime à peindre les
camaïeux blonds ; son visage se contracte en un
pathétique clair-obscur, sa robe est d'un gris-
fer cerclé d'ornements noirs ; son cachemire est
à fond blanc, son chapeau à bavolet est rose et
noir, orné d'une rose. Mais n'est-ce pas une
« Douloureuse Certitude » encore, cette autre
désolée debout près du même bureau [1], ses
cheveux d'or fluide et fin sous son chapeau
havane, en cachemire aussi, en robe de velours
vert à reflets un peu roux, comme celle de
Madame de Bargeton ? Et dans ces deux tableaux,

1. Dans la collection A. Roux.

sur le coquet meuble Louis XVI, une boîte à cigares ouverte, aux angles blancs, au bois lilassé, est là pour attester que la scène se passe chez l'infidèle amant, qui a le tort de laisser traîner ses lettres.

Il n'est pas impossible, en un temps donné, quand toutes les phases de sa renommée se seront accomplies, que notre peintre soit dénommé *le peintre aux billets,* comme il y a eu *le peintre aux œillets,* un vieux maître Suisse. Des observateurs superficiels ont reproché à Alfred Stevens de manquer de sujet, parce qu'il ne peint ni des batailles, ni des naufrages, en somme aucune de ces compositions que Baudelaire range dans la catégorie des « fureurs stationnaires ». Mais l'Éternel Féminin en proie à sa perpétuelle inquiétude d'amour, composant le billet doux, le disposant, l'écrivant, l'épiant, le recevant, le froissant, avec toutes les expressions correspondantes, dans l'attitude et les atours qui en ont dicté, motivé l'émoi, quels plus dramatiques combats, quelles submersions plus poignantes ?

Les cachemires des Indes, joyaux textiles de la femme, hélas ! à tout jamais fanés sur les épaules des femmes de Stevens qui les reçurent

de Madame Firmiani, avec la manière de s'en
servir ! Magnifiques *châles-tapis* qui diapraient
en effet les charmes féminins comme un tapis
de mille fleurs d'émail sur lequel les pieds
d'Ariel eussent aimé courir. Stevens fut l'ico-
nographe passionné et patient de ces émaux
cloisonnés de laines. Une grande femme debout
en revêt un. Elle est coiffée d'une de ces capo-
tes à bavolet qui semblent laides sur les gravures
de modes, mais dont on voit bien là qu'elles pu-
rent paraîtrè charmantes et encadrer avantageu-
sement des visages gracieux qu'il y eut toujours.
C'est une de ces froisseuses de billets doux
(il les peignait après les avoir écrits) qui sont
chères à Stevens, et qui lui servaient de thème,
sinon de mannequin, pour le déploiement de ses
savantes variations sur les féminités historiées.
La robe est marron, si je me souviens bien ;
mais le portrait est celui du cachemire ; il l'a
peint comme son maître Vermeer aurait fait
d'une de ces cartes de géographie qu'il donnait
lui-même pour fond à des femmes pensives. Ce
sont des continents de turquoises, d'émeraudes
et de rubis, de kaléïdoscopiques gemmes tra-
mées ; les ailes mêmes de ce papillon hindou
que j'admirais récemment dans une sublime

collection de ces insectes, et qui nous est donné comme le modèle initial du cachemire. Une autre de ces coquettes d'antan, appuyée à une console, se présente presque de dos pour mieux faire chatoyer les multiflores dessins de son châle; mais, pour ne pas nous priver de son minois souriant, le peintre l'a ingénieusement reproduit dans un miroir au-dessus du meuble.

Je me confesse d'avoir plusieurs fois fait à Stevens cette amicale plaisanterie d'un coup à jouer sur les cachemires. Il s'agissait d'accaparer à vil prix tout ce qui a survécu aux mites et au mépris, de ces tissus chers à Joséphine; puis, au lendemain de cette stérilisation du marché Indien, de l'achalander à nouveau par une sensationnelle exposition du Maître Flamand, à travers laquelle d'élégantes complices promèneraient le vêtement réhabilité sur leurs évocatrices épaules.

Les miroirs, autre carrière rêveuse et profonde pour le pinceau de notre grand ami, fils encore de Van Eyck. J'ai trouvé le secret de l'attraction qu'exercent sur lui les surfaces polies; homme robuste, sorte de colosse, son tempérament le prédisposait à peindre des plafonds, décorer des escaliers aux vastes sur-

faces. On l'a vu lors de l'exécution du *Panorama
du Siècle,* dont je parlerai en son lieu. Or c'est
moins l'occasion ou le manque de commandes
de ce genre qui vouait Stevens à ses panneaux
restreints, qu'une plus prodigue, en même
temps que plus raffinée dispensation de sa veine.
Je ferais volontiers de lui ce bel éloge, de dire
qu'il est le sonnettiste de la peinture. De même
que ce dernier, au lieu de laisser vaguer sa fantaisie en strophes innombrables, réserve sa production, élit des rimes rares, et fait tenir dans
le bref poème à forme fixe dont il a fait choix,
des intérieurs et des horizons, des héros et
des dieux, des infinis et des astres, ainsi le
Maître dont je parle, concentre en une super-
ficie exigüe une infinité de reflets, qui lui font
chérir, outre les glaces, les boules de jardins,
les laques miroitants, les paravents à feuilles
d'or, les nacres, les perles, les pierreries et,
parmi elles, des yeux de femmes et d'enfants,

« ...miroirs obscurcis et plaintifs, »

miroirs encore.

Car Stevens n'a, pour ainsi dire, pas peint de
portraits d'hommes. Si l'on peut en citer un,
entouré de femmes, dans son beau tableau du

Convalescent, c'est qu'il s'agit d'un joli jeune homme blond qui ressemble à une jeune fille. Je possède, sur un exemplaire du *Règne du Silence,* de la collection de Goncourt, un portrait de Rodenbach par Stevens. C'est une rareté. Quant aux bibelots de l'Extrême-Orient, outre leur charme bizarre et bigarré que Stevens fut un des premiers à apprécier dans ses spécimens rares, sa passion de la mutualité des reflets devait lui faire goûter et rendre excellemment une encoignure en laque de Coromandel, qui occupe le coin gauche du tableau intitulé : *La Poupée Japonaise,* au Musée de Bruxelles, peut-être le chef-d'œuvre du peintre. Une femme en robe d'un blanc transparent, éclairé en dessous par la douce chaleur d'une étoffe rose, examine un pantin du Nippon, qu'elle tient entre ses mains. Un fouillis savant de plis et de volants contournés de dentelles, rendu avec un féminisme exquis et puissant, c'est tout ce tableau : le portrait d'une robe, mais une de ces robes d'avant la machine à coudre, l'horrible *Silencieuse* Singer, qui a fait, depuis, du bruit et du chemin dans le monde, et dans l'assemblage desquelles couraient avec esprit ces points devenus odieusement mécaniques, un de ces chefs-d'œuvre de lingerie impériale qu'abandonnaient à Stevens pour en orner ses modèles, les plus huppées cocodettes du temps. Car Stevens fut apprécié à cette Cour, dont c'est faire l'éloge, et des œuvres de lui se trouvent encore, me dit-on, chez l'Impératrice. Je ne sache pas qu'il en ait fait le portrait. Au reste, Stevens est bien moins le portraitiste d'une femme que celui de la femme. De la sienne pourtant il a tracé sous ce titre : *Une Musicienne*, une superbe image ; mais moins en portraitiste 'qu'en' peintre, en magistral traducteur du mystère pensif d'une allégorie angoissée. J'ai essayé, dans une trentaine de strophes des *Hortensias Bleus,* de paraphraser le secret de cette page intense, joie et orgueil de la collection Georges Hugo, je n'y reviens pas. La même galerie possède un autre Stevens : *Miss Fauvette* : une jeune femme, celle-là, aussi svelte que la Musicienne est massive, gazouilleuse en mousseline blanche à mille volants, noués d'une ceinture bleue. Et c'est un goût raffiné, en même temps qu'un sort ingénieux qui font ainsi contraster dans le même salon, la lourde harpiste lassée, la vive cantatrice insoucieuse. Une troisième musi-

cienne est encore au Luxembourg, en robe gris-
fer plate, aux ornements noirs, sobre, presque
sombre ajustement de cette Euterpe de salon un
peu déchevelée et très pathétique, la bouche
grande ouverte en l'émission de ce *Chant Passionné* qui fait le titre de son poème. Une quatrième appartenait à Duez, celle-là musicienne
muette, assise, en sa robe d'un vert-émeraude,
auprès de sa harpe assoupie.

La même encoignure de laque dont j'ai parlé
fleurit sur son fond noir son décor polychrome
et baroque, dans une autre toile, celle-là chez
Monsieur Antoni Roux : une femme en rose
savoureusement reflétée par un paravent d'or.

Nul autre, parmi les peintres, n'aura su,
comme Alfred Stevens, habiller une femme de
certain rose-gris, rose d'une rose ayant tardé à
fleurir, qui a eu froid en éclosant et mériterait
d'avoir inspiré ce vers pénétrant du vieux
d'Aubigné :

« Une rose d'automne est plus qu'une autre exquise. »

C'est que Stevens est aussi un amoureux des
fleurs. Il sait qu'elles sont les femmes des sous-
bois et des parterres, et il a écrit dans le menu
et important recueil de maximes sur son art,

qu'il intitule *Impressions sur la Peinture :* «Faire peindre beaucoup de fleurs à un élève est un excellent enseignement. »

. Un vieux compagnon de Stevens, ce paravent décoré de brouettées de fleurs, et dont il avait momentanément détaché les feuilles pour composer jadis la riche tenture d'un boudoir de sa belle installation, Rue des Martyrs. J'y fis, un jour, il y a bien longtemps, une visite en compagnie de Sarah Bernhardt ; elle peignait alors, dans l'atelier et sous la direction du Maître, un petit tableau un peu inspiré de lui : *La jeune fille et la mort,* qui figura au Salon vers 1880. Sujet renouvelé de l'art des Pays-Bas dont la philosophie, comme celle des Maîtres Suisses, aime juxtaposer la fraîcheur et la destruction ; tel ce Van der Schoor qui, dans le Ryksmuséum, a réuni, sur le même panneau, des crânes et des ossements, des lumières et des roses. Un autre salon de son ancienne demeure a été reproduit par Stevens dans un de ses plus beaux tableaux, qui fait partie de la collection Vanderbilt. Une jeune femme nu-tête, en blanc, debout, appuyée sur un guéridon, reçoit des amies. Et c'est, parmi les enharmoniques tons de l'or dont toute la gamme rutile du fauve au flave, le radieux et voluptueux chatoiement de ce qu'on a depuis appelé un thé de cinq heures, en un *home* artiste et somptueux, et dans le miroitement échangé de mille bibelots précieux, porcelaines et fleurs rares, où tout rayonne, même éclate et fulgure, sans détonner, où rien n'a été omis par ce pinceau omniscient dont il semble qu'il ait su reproduire, de cette élégante assemblée d'oiseaux féminins, jusqu'au parfum et au caquetage ! Une curieuse réplique de ce tableau — sa géniale esquisse, je crois — se trouve chez Monsieur A. Roux. Détail singulier : elle est peinte sur glace.

Une mine de bric-à-brac trié, cette ancienne demeure de Stevens ; éléments disparates et associés par une majeure raison d'État, une raison d'être plus haute même que le goût : le désir de les peindre, de les transsubstantier hors de la contingence et du temps, en des intérieurs fictifs et plus réels, à l'abri du déménagement et du terme. Dans le salon intérimaire où je les revis lors d'un transfert, les pendules marchaient par paires sur des consoles Empire, dont ne nous avait pas encore dégoûtés leur réhabilitation sans discernement et en bloc. Et Stevens, plongeant ses puissantes et jouisseuses mains dans un de

ces hauts et profonds paniers qui servent à
importer les régimes de bananes, en tira triom-
phalement, pour nous le faire admirer, un dex-
trochère de Gouttières. Une aquarelle par Delacroix, témoignait encore là de ce qu'il me plaît
toujours de noter : le tendre et touchant spectacle d'un géant en admiration devant une fleur.

Autres toiles : une jeune veuve blonde, en noir
léger et très seyant, se reprend à essayer des
fleurs et des bijoux, devant un miroir, toujours! et j'aime moins le Cupido blotti sous le
tapis de la table pour souligner une allégorie
d'elle-même assez expressive, et qu'une figure
de pleureuse, dans la tapisserie, commente déjà
de façon plus naturelle. — Une promeneuse,
peinte celle-là dans le jardin de la Rue des Martyrs, accoudée à la barre d'appui de la fenêtre,
où s'encadre sa fraîcheur blonde autour de
laquelle voltigent deux papillons, parle, du
dehors, à quelqu'un d'invisible dans l'intérieur.
La turquoise d'une plume de martin-pêcheur se
pique dans la gaze bleue enroulée au clair chapeau de paille qu'elle tient à la main. Elle est en
peignoir blanc, à manches-pagodes d'où sortent
comme de caressantes fleurs de chair, ses mains
baguées. Stevens est le peintre physionomiste

des mains, savoureux chiromancien de la grâce. Et c'est pour lui un délice d'en ponctuer la douceur par le point bleu de cette turquoise que je retrouve au doigt de cette promeneuse, de l'accouchée, de la musicienne.

Le Bouquet, un savoureux morceau, consacré aux étoffes et aux fleurs : le tapis de table, la soyeuse toilette du modèle, qui d'ailleurs s'effacent devant le feu d'artifice éblouissant de la gerbe multicolore. — *La Visite*, un précieux repère pour les *philosophes des habits*, selon l'expression de Carlyle : deux cocodettes au dernier goût de ce jour... évanoui, entre des panneaux japonais et des paravents de laque. L'une d'elles, qui reçoit, assise au bord d'une fumeuse, un doigt au coin de la bouche, en un geste expressément féminin, porte son chignon dans un filet noué d'un gland; et au-dessus, cette coiffure en *barrettes*, qui n'est pas sans prétention aux bandelettes, renouveau d'antiquité, au goût de la Maison Pompéïenne. Et l'interlocutrice au doux visage, en son seyant chapeau de fleurs, à brides, tient à la main ce joujou du même temps, son ombrelle-marquise. — *La Bonne Lettre :* toujours la sentimentale paperasserie. Une lettre de famille, celle-là, que deux femmes lisent attentivement. L'épouse, sans doute, et la mère, du correspondant lointain. Et sur le visage de la plus jeune, le reflet du blanc papier met comme un rayonnement, une réverbération des nouvelles heureuses. — Enfin, *la Consolation*. Je l'appellerais volontiers : L'Enterrement d'Ornans de l'élégance. Comme au tableau de Courbet, le visage de la veuve en visite, s'abîme et disparaît dans son mouchoir, sur la blancheur duquel tranchent les doigts du gant noir. L'autre main de la pleureuse est retenue et serrée gentiment entre les deux fines mains de la consolatrice, une gracieuse amie vêtue de blanc, assise sur le même canapé et l'expression ensemble compatissante et indifférente. Près de la veuve, sa fille, une délicieuse figure un peu anglaise, et pareillement en noir, participe au malheur élégant, silencieuse, les mains croisées.

Stevens a peint, pour le Roi des Belges, quatre panneaux, *les Saisons*, quatre jeunes femmes qu'il eut le bon goût de ne pas dévêtir plus ou moins mythologiqnement, mais de laisser en proie à leurs modes. Le *Printemps*, douce Grâce émue, derrière la blanche écume des pommiers, les doigts noués dans une inquiétude rêveuse. L'*Été* tient des fleurs et s'abrite d'un éventail dont l'ombre portée fait errer sur ses juvéniles traits comme un nuage sur une rose. L'*Automne* s'accoude et se souvient, au chant des oiseaux qui émigrent, au pénétrant parfum des chrysanthèmes. L'*Hiver* est vêtu d'un barège feuille-morte. Pensive liseuse au livre refermé, mélancolie non moins amère sous ses rubans, Mnémosyne mondaine.

Le jovial Flamand reparaît dans le tableau de l'*Alsacienne* : une belle et gaillarde servante, en costume national, s'interrompt d'épousseter pour s'ébahir à considérer une Vénus accroupie quasi de grandeur nature. Bien entendu ce domestique épisode, un peu trop spirituel pour me plaire, n'est que pour donner carrière à une virtuosité caressante et indéfectible, qui va du détail de l'ajustement, broderies, tablier à dentelles, à la fleur empennée du plumeau dans son sépale de cuir vermillon, aux contours froidement lascifs de la statue d'argent, aux tons de lèvres mortes d'un rhododendron violacé, dans un cachepot de cuivre, aussi peuplé d'images mirées qu'une boule de jardin, à tout l'inventaire enfin de ce mobilier de médecin, du temps qu'ils étaient sans goût.

Je dirai encore *Le Sphinx*, debout et les bras croisés en sa robe fleurie, mystérieux et souriant, tout le visage dans l'ombre, sur son auréole de cheveux blond-cendré; énigme de féminisme et de demi-teinte. — *La Baigneuse*, naïade intime, au chignon haut-troussé sur la tête, souriante au bord de la baignoire en métal poli qui la reflète, sœur moderne de la Romaine de Tadéma voilée par ses pétales de rose. Une rose d'un jaune soufre exalte la froideur de l'argent, la tiédeur des ombres ambrées, la pâleur des chairs d'ivoire.

Le même modèle a posé pour un autre tableau de dimensions moindres : *Souvenirs et Regrets*, titre qui sent bien son époque, et son fruit, car c'est un fruit d'arrière-saison que cette beauté abondante. Aux bras du fauteuil qu'elle emplit de ses rondeurs épanchées, c'est moins entre les lignes du billet ouvert dans sa main qu'entre les lignes de ses formes mûrissantes qu'elle épèle elle-même le titre automnal de son effigie. Toile rare, peut-être unique dans l'œuvre de Stevens par l'élargissement de la manière, et l'assouplissement de la matière, qui la font, l'une s'apparenter à Monsieur Degas en son rendu génialement véridique, l'autre à Manet en ce

faire ivoiré des chairs dont l'Olympia est le
type. L'harmonie générale des vêtements, du
chapeau quitté, discrètement fleuri de roux, du
parasol fermé, légèrement liséré de bleu, sont
de ce fin gris de mastic qu'il faudrait appeler le
gris Stevens, et que le ton des chairs éclaire
doucement comme un reflet de corail sur de
l'argent ou, parmi la brume des premiers froids,
une rose remontante. Certaines lueurs dorées ne
sont peut-être pas toutes naturelles, en cette
coiffure ensemble savante et un peu défaite où
tient toute et se noue une chevelure vivace. Le
visage épaissi, pèse sur le col. Le regard baissé
qui glisse vers la lettre, effleure les seins, épan-
dus hors d'un corset bleu de bourgeoise semi-
vertueuse. Le pied trop petit de *boulotte* est
chaussé d'un soulier élégant, mais qui ne vient
pas du tout premier faiseur, et le bas de fil
d'Écosse à côtes est du même gris rayé de bleu
qui s'assortit au parasol, en un essai de raffine-
ment un peu provincial. Plus rien là des vraies
dames du monde de Stevens, de ces femmes de
sa famille qu'il reproduisait dans leur chez soi
distingué et opulent, ou qu'il priait de poser
pour lui (afin de les représenter en visite chez
elles-mêmes), avec leur chapeau de Madame Ode,

leur robe de Soinard, leur authentique cachemire des Indes. Non, celle-ci c'est la femme de quarante ans de la comédie féminine d'Alfred Stevens, une Madame Marneffe dégrafée pour le baron Hulot, une Adeline de moins noble aloi, se demandant si le bout de son pied émergeant de dessous la jupe, et le bout de son sein hors du corset bleu fascineront encore le gros Crevel. Et c'est une poignante, une prenante anomalie qu'offre la contemplation de cette toile qui ne sent pas l'eau de Portugal, mais le patchouly, et dans laquelle la bonhomie un peu grivoise qui lui vient du modèle est à la fois en lutte et en accord avec l'exquise et haute distinction qu'elle tient de l'Art du Maître.

Disons encore, parmi ces figures féminines, peuplant toutes, une à une, de leur sentimentale anxiété le personnel univers « où leurs pas ont tourné », comme l'écrivait Madame Valmore, un petit monde fait de lambris que soulignent des rayures d'or, de portes entr'ouvertes au jappement d'un bichon ou d'un carlin pour donner passage à une voluptueuse missive, citons encore trois toiles, trois jeunes femmes. L'une, assez semblable à Louise de Mortsauf, en bleu-clair, debout, et dans les mains sa tapisserie à fleurs

vives, dont toutes les couleurs se retrouvent aux
écheveaux de soie débordant de la table à ouvrage; et, sous la porte close, un billet doux
s'est glissé, pareil à la langue du serpent, et
qui va transformer Pénélope en Phryné, tenta-
teur irrésistible. Une autre, aux cheveux blond-
cendré, en sa robe brune, et vue de dos, du
geste de ses deux mains fines rejetées en arrière,
protège contre le visiteur inattendu qu'annonce
le vantail qui s'entrebaille, la lettre qui sèche à
peine sur le bonheur-du-jour de style. La troisième est une des perles de l'insigne collection
de Monsieur Manzi. Perle, en effet, cette jeunesse
vêtue, orientée, irisée de tous les blancs à reflets ;
blanc de la robe faite de trois volants d'égale
hauteur, découpés et bordés de feston, blanc du
châle en crêpe de Chine à longue frange de soie
et brodé de fleurs blanches; blanc de la boiserie
aux filets dorés sur laquelle s'éjouit en tache de
lumière, un reflet ensoleillé et bien Flamand
venu d'une fenêtre invisible; blanc du papier
d'un bouquet de roses que cette rose humaine
tient à la main, toute à la joie insoucieuse de
franchir un seuil dont elle sait le secret, au-
réolée de la vaste ombelle d'un chapeau brun,
enrubanné, emplumé ; réelle héroïne d'un drame

digne de Kipling, que Stevens me conte, et que je retiens pour le narrer quelque jour.

J'ai réservé pour la fin deux œuvres qu'une fréquente vision me rend plus familières ; l'une, l'*Ophélie* que j'ai dite, connue aussi sous ce titre « *Le Bouquet Effeuillé* », sans d'ailleurs autre motif de revêtir ce Shakspearien nom que d'être une jeune femme tenant des fleurs. Le Maître qui a peint *la Musicienne* d'après sa femme, a peint l'*Ophélie* d'après sa belle-sœur. Ce sont la Saskia et l'Hiskia d'Alfred Stevens, moins les secondes noces. Cette dernière vêtue d'une robe d'algérienne, blanche et souple étoffe diaphane à raies brillantes, que le peintre m'a dit avoir reçue en ce temps là de la Princesse de Metternich, et qui habille encore deux indolentes fumeuses de cigarettes, en compagnie de leur chat dans un tableau plein de réticences. Un chat aussi, celui-là coquettement cravaté de bleu, — l'éternel félin devait séduire le peintre de l'éternel féminin, — caresse au soyeux volant sa fourrure soyeuse. Et le seul éclat un peu vif de la lumière infuse, amoureusement éparse sur cette belle jeune femme, glisse sur les fleurs qu'elle tient dans la main, dont un orangé souci qui trahit sa plainte.

Je retrouve aussi maître Mitis ronronnant au coin du feu, tel qu'un lare symbolique du foyer quitté, dans ce joli tableau : *Retour au nid.* Une jeune frileuse, en cachemire, en toilette d'hiver se caresse, elle, le menton à son manchon, pensivement accoudée au fauteuil préféré, perdue en la contemplation d'une pendule qui lui sonna des « minutes heureuses » en ce nid d'amour qui est un fouillis de bibelots, parfumé et tendre.

Et voici encore Raminagrobis qui, cette fois, est un chat d'Alep, faisant le gros dos, de tout son blanc poil lustré, au centre de cette touchante composition : *Les Rameaux.* C'est le retour de la messe de Pâques fleuries. Et, près du lit, drapé de cretonne aux fleurs vives, une élégante dévote, fille pieuse aussi, suspend au portrait de sa mère, avec un baiser, un brin de buis bénit. Il existe une réplique de ce tableau, avec quelques variantes dans l'ameublement et dans le costume.

L'autre tableau, *La Psyche* est comme une apothéose de tout l'art de Stevens et de toutes ses amours : les femmes, les objets et les reflets qui les multiplient. On dirait le gracieux cache-cache d'une jeune femme et de son image. Jolie

brune, vêtue d'un pékin à mille raies noir et
gris, garni de dentelures, et dont la fine tête olivâtre, ponctuée à l'oreille d'un blanc camélia,
émerge de derrière une psyché en laquelle elle
ne se voit pas, mais qui la mire. Galante ruse
du peintre pour portraiturer et nous offrir
sous deux aspects ce minois sympathique. C'est
donc, en réalité, une femme à deux têtes et à
trois mains, — et quelles mains ! que n'en a-t-
elle davantage, cette hydre exquise? — que nous
représente ce panneau (peint sur bois par Stevens, vers 1870). Mais là ne se bornent pas les
réflexions de l'intelligente glace, drapée elle-
même d'un pan de damas jaune éteint. Tout
l'atelier s'y reflète, avec sa vieille tapisserie à
personnages, ses études, dont un effet de neige,
ses crêpons épars sur un fauteuil d'acajou
recouvert de velours d'Utrecht d'un bleu glauque,
ses nombreux cartons aux galons dénoués, ses
toiles empilées dont le bois blanc des châssis et
le grain des toiles sur champ et de revers, sont
d'une vérité bien hollandaise.

Et l'insatiable traducteur des reflets, Alfred
Stevens non content de transcrire à lui tout seul
le duo limpide et chantant de la chambre harmo-
nieuse, a fait se mirer, dans le parquet brillant,

la verte perruche qui s'y promène ; quoi encore, tout et rien, une cigarette éteinte, une allumette brûlée, et leur cendre ; et c'est la suprême Ophélie au bord de son eau, avec sa fleur claire.

La même robe de cuivre pâle ou d'or vert habille encore une bouquetière, dans un intérieur, assise à terre sur une peau d'ours blanc constellée de blancs pétales ; jeune rousse portant une hotte de roses-noisettes, autour desquelles hésite un papillon incertain entre les fleurs et la femme.

Cursive nomenclature que je ne veux pas interrompre, sans avoir mentionné encore le *Modèle se chauffant,* ravissante frileuse, les mains tendues, telles que deux fleurs de serre, au-devant d'un poêle que surmonte un vase blanc et bleu, d'un rendu ineffable. — La blonde *Veuve,* délicate jeunesse dont la première amour vient d'être fauchée, et qui, sous son deuil trop élégant, rêve déjà du convol que présage un bouquet séduisant, envoyé pour de deuxièmes fiançailles.

Une troisième veuve, plus émouvante, se tient debout, nu-tête, dans un parc ; de ses mains en train de se dénouer s'échappent les fleurs du souvenir ; et sur sa poitrine vient s'abattre une colombe, Saint-Esprit du cœur, messagère de l'amour défunt ou annonciatrice du nouveau bonheur.

Enfin l'entre-toutes admirable esquisse de cette jeune femme assise, vêtue de velours émeraude et de zibeline, en un intérieur dont la discrète intimité rendue, avec la liberté la plus puissante, évoque deux noms surpris de se rencontrer : Pierre de Hooghe et Velasquez.

J'insiste sur le savoir-faire étonnant avec lequel Stevens reproduit aux murs des ateliers ou des salons qu'il représente les tableaux qui les décorent ; tel ou tel vieux Maître, ou des contemporains, un Diaz, un Corot, à s'y tromper, à réjouir, à décevoir le peintre lui-même. Et notre Grand Ami, quand je lui parle de ce détail me répond mélancoliquement : « C'est vrai, j'étais très habile. »

Un jour, Stevens a voulu, je ne dis pas faire grand, la grandeur tient toute dans ses apparentes minuties, mais peindre en grand ; il a fait, habilement secondé par Monsieur Gervex, *le Panorama du Siècle*. On l'admira. Qu'en reste-t-il ? Tout au moins la série des esquisses peintes dont il essaima, quatre vastes panneaux sans rapport avec ce nom d'esquisses, et dans lesquels, en ce premier jet plus expressif, s'évoquent les notables d'avant-hier avec une ressemblance non seulement de visage, d'attitude et de geste, mais d'*habitus corporis* et de pensée, qui nous fait reconnaître ceux-là mêmes que nous ne connaissons que par leurs œuvres. Tenture historique, bien propre à décorer un fumoir transcendantal, comme pourrait l'être celui du Trianon-Castellane, en même temps qu'à satisfaire cette tendance qui, selon Goncourt, nous porte à « parler de l'immortalité de l'âme au dessert ».

Telle est, en quelques lignes, et pour quelques toiles seulement, mais élues parmi les plus caractéristiques, l'œuvre du Maître Flamand-Français, de celui que j'appellerai le grand sonnettiste pictural, peintre des mondaines Ophélies occupées à noyer en tant de miroirs le reflet de leurs mélancoliques beautés et de leurs toilettes bonapartistes. Filles de Polonius et d'Alfred Stevens pour lesquelles, en dépit des plus hautes consécrations, trop de contemporains n'ont encore que les regards oublieux d'Hamlet et ceux, plus folâtres, de l'étrange amateur de peinture auquel leur auteur dut un jour donner satisfaction d'une bien amusante manière. Il s'agissait d'une composition représentant deux jeunes

filles en train de regarder par la fenêtre. Rien,
et bien au contraire, n'en déplaisait au client
qui n'avait d'autre objection à l'acquérir que
l'absence totale de *sujet*, dans cette charmante
toile. — « Comment? mais vous n'avez donc
pas compris mon tableau? — s'écria Stevens
faussement indigné — ces jeunes filles regardent passer un omnibus et l'une d'elles désigne
son fiancé à sa compagne. » — « Mais, — .
objecta l'acheteur toujours inquiet et inspectant
le détail du tableau, — cette jeune fille n'est-elle
pas bien élégante pour avoir un fiancé sur un
omnibus? » — « Vous voulez rire, répondit sérieusement Stevens, le fiancé est à pied, et
momentanément caché par le véhicule ». — Et
le collectionneur pleinement rassuré emporta le
tableau, célèbre désormais sous ce sentimental
surnom : *Le Fiancé qui passe !*

Instructive et ironique victoire remportée sur
l'amateur niais, en regard de laquelle il est ré-
confortant de placer cette touchante repartie due
à un artisan de goût inné, venant un jour, briser
sur la table de Stevens toute une tirelire d'éco-
nomies, afin d'obtenir en glorieux échange de
tant de salaires d'un grossier labeur, une par-
celle du travail exquis, méconnu par le *con-*

naisseur inéclairé, reconnu par le distingué manœuvre.

La délicate revanche que Stevens dut goûter ce jour-là ; le toast auquel il aura fait généreusement raison, comme ample mesure à la commande ingénue !

« *Je vous envoie mon meilleur ouvrier !* » disait le Duc de Bourgogne, en adressant Van Eyck à un souverain ami.

Stevens aime à citer ce mot, et le rappelle avec émotion.

C'est que la Flandre aurait pu le redire de lui en l'envoyant à la France. Et c'est encore dans ses *Impressions sur la Peinture*, qu'il a lui-même écrit : « On n'est un grand peintre qu'à la condition d'être un maître ouvrier. »

DEUXIÈME ARTICLE

Si les toiles-maîtresses de trois collections Parisiennes — la collection Humbert, contenant la . grande *Femme au bain,* précédemment décrite, les collections Antoni Roux et Georges Hugo, dont j'ai dit ailleurs les cinq peintures — n'avaient pas fait défaut à l'École des Beaux-Arts, on peut affirmer que l'Exposition Stevens eût atteint le maximum d'éclat possible dans notre pays, en l'absence de chefs-d'œuvre de ce maître, ceux-là plus distants et retenus au loin. Telle quelle, ainsi que l'ont, grâce à beaucoup de discernement et de zèle, composée Messieurs Georges Petit et Edmond Le Roy, de tableaux demeurés en France et en Belgique principalement, la réunion d'œuvres de l'illustre

Flamand est encore sans seconde. Pour mon goût, je l'eusse préférée plus triée. Outre que, d'une part, l'effet en eût été plus intense pour les connaisseurs, qui cependant démêlent aisément, des esquisses ou des panneaux moins réussis, les morceaux hors ligne, d'autre part, les visiteurs de bonne volonté auraient couru moins de risques de s'égarer entre le parfait et le moindre. Mais de tels choix sont difficiles, en un laps de temps restreint, et parmi d'inévitables exigences. Remédions à ce peu de diffusion par des sélections distinctes.

Et, tout d'abord, goûtons l'impression de musée qui se dégage de cette collection. Bien peu, parmi les peintres comtemporains, hormis Whistler et Boeklin, pourraient prétendre à pareil effet.

Beaucoup de créateurs vivants sont en état de constituer une brillante exposition avec un rassemblement choisi de leurs ouvrages; mais de là au charme solennel, au serein et sérieux enseignement qui, d'ordinaire, n'est rayonné que par la mort, la distance est grande. Il faut, pour la combler, cette chose mûre et grave, qu'un grand artiste que je viens de nommer le premier, auprès de son ami Stevens, a noble-

ment définie. Un jour que des juges inéclairés
et malséants demandaient à Whistler ce qu'il
pensait avoir mis dans un tableau, à leur avis
inachevé, pour lequel il demandait une somme
importante, il répondit par ce mot profond :
« L'expérience de toute une vie ! »

Villiers de l'Isle-Adam emploie aussi quelque
part une étrange et belle expression : il parle
d'une *atmosphère saturée de solennité*. Il y a
de cela, en ce moment, dans les salles du Quai
Malaquais ; une édification d'art qui renforce les
convictions, réchauffe les tiédeurs, conquiert
les incertitudes. L'unanimité sur une question
de haut mérite (l'accord ne s'établissant d'ordinaire que sur des succès aussi injustifiés que
transitoires) représente un des plus rares et des
plus honorables aspects de l'opinion humaine.

L'Exposition de Stevens nous en offre un éloquent exemple. A peine quelques dissidences,
faute d'examen ; tout au plus une ou deux fausses
notes, faute de sérieux ou de bonne foi. Mais en
revanche, que d'excellents articles ! Je citerai,
entre autres, Monsieur Olivier Merson, qui décrit
bien le multiple enchantement versé « par l'observation des valeurs et l'entente du clair-obscur,
par l'harmonie un peu étouffée des apparte-

ments bien clos, par une touche exacte et pleine
donnant à chaque chose son importance relative, sa forme, son relief. » Monsieur Alexandre
élit savamment, au long des cymaises, avec
d'ingénieuses réflexions, trente-six tableaux,
selon lui, hors de pair. Monsieur Stiegler analyse
subtilement l'art de Stevens, quant à son rendu
et dans sa philosophie. Du premier, il fait ressortir « les pâtes étalées avec une finesse exquise,
les tons vifs sans être criards, les choses sobre-
ment représentées sans encombrement ni excès ».
De la seconde, il dégage avec esprit une façon
indirecte de nous retracer l'amour, moins de la
femme que de cette unique Parisienne, qui en
rêve, « qui attend l'amant ou qui vient de le
quitter, ou bien qui reçoit de ses nouvelles, mais
qui n'est jamais auprès de lui ».

Cependant c'est à Monsieur Gustave Geffroy
que revient l'honneur d'avoir saisi avec son habi-
tuelle acuité, décrit avec sa maîtrise accoutumée,
ces dehors séduisants, ces irritants mystères. Il
faut citer tout le morceau sur ces « tableaux
d'une forme dense, d'une coloration harmo-
nieuse, d'une vive expression intime. Ce sont
toutes ces toiles, désormais significatives, où
reviennent non seulement les mœurs, les décors,

les costumes d'un temps, mais les nuances infinies, délicates, tendres, mélancoliques, pures, sensuelles, mensongères, perverses, de l'instinct et de l'esprit de la femme. La femme est là, dans les atours d'une époque, avec son charme et sa bonté, et aussi avec son terrible pouvoir charnel. Elle y est en combattante contre l'homme, avec ses victoires et avec ses défaillances. Elle confesse le mystère de sa puissance, le donne à entrevoir dans l'eau trouble de ses yeux, et aux sinuosités de sourires subtils. Elle confesse aussi, aux heures d'automne, ses larmes intérieures, ses vaines poursuites, la fuite et la chute vertigineuse de la vie, l'effroi qui gagne, la nuit qui vient.

« Alfred Stevens a dit tout cela avec éloquence et profondeur, lorsqu'il n'a pas cherché à le dire, lorsqu'il a été fermement et délicieusement peintre. Son talent attentif, son don de voir, son observation acérée, semblaient ne s'attacher qu'aux formes, aux silhouettes, aux tons, aux accords ; il exprimait toutes ces choses visibles avec une joie évidente, et il se trouve maintenant qu'il voyait à travers le visible, et qu'en reproduisant le dehors, il faisait apparaître le dedans. Regardez ces toiles aux détails savam-

ment disposés, gardant juste leur importance ;
admirez cet art de constructions larges, aux
nuances si doucement et si sûrement distri-
buées, goûtez la finesse de ces valeurs, qui don-
nent la vie particulière aux chairs, aux étoffes,
aux objets, et qui produisent la vie générale de
l'ensemble. Admirez la forme, le volume de ces
femmes qui se meuvent, respirent dans les petits
cadres comme des statuettes vivantes, ces jambes dont le mouvement et l'attitude se révèlent
parmi les plis des jupes, ces bras souples comme
des lianes, ces mains molles, nerveuses, pâles,
tièdes, les unes passives d'attente et de résigna-
tion, les autres frémissantes de volonté.

« C'est *La Dame rose,* si solide sous ses dentelles légères ; c'est la femme effondrée au retour du bal ; c'est la lecture au coin du feu ;
c'est cette femme en blanc, d'une démarche si
rythmée, qui respire un bouquet ; c'est *La
Femme à la harpe,* en robe de soie verte ; c'est
ce chef-d'œuvre de *La Jeune Mère,* qui donne
le sein à l'enfant goulu, scène extraordinaire de
belle animalité et de rare élégance ; c'est *La
Dame aux cerises ;* c'est cette merveille des
Derniers jours du veuvage, malheureusement
déparée par le petit amour qui rit sous la table ;

c'est cette autre merveille complète de la *Lettre
de faire-part,* où Stevens voisine avec Ingres et
atteint au style de l'appartement moderne, du
châle de la femme parée en conquérante et en
victime. C'est cette femme datée du Second Empire par sa robe, et datée de tous les temps de la
civilisation, par sa vie exaltée, secrète ; c'est
cette femme en blanc, en noir, en bleu, en
jaune, avec ses fleurs, ses bijoux, ses amours,
ses tristesses, qui donnera, en touchant échange,
à Alfred Stevens, la vie immortelle qu'elle a reçue de lui. »

Après un tel jugement, il serait puéril de
relever, de révéler les frivoles anathèmes de
visiteurs pressés, non sans la prétention de
substituer à de mûres compréhensions leurs
impressions évaporées. Non, encore une fois,
Stevens n'est pas un peintre sans profondeur,
parce qu'il peint des femmes recevant des billets
ou revenant des bals. Je l'ai écrit ailleurs :
« quels plus dramatiques combats, quelles submersions plus poignantes ?[1] »

Et ce *leitmotiv* du billet doux, un ancien
petit Stevens, le varie en une acception fort

1. Page 21.

exceptionnelle : c'est un petit chien qui fait le beau pour le présenter à sa maîtresse, et la langue du serpent d'Éden vibre encore sous les espèces de ce *poulet*, entre les moustaches du roquet debout devant Ève.

Une erreur que je répugne à rencontrer sous la plume de critiques autorisés, beaucoup plus qu'à voir certains visiteurs de l'Exposition Stevens aussi désorientés que la noce de *L'Assommoir* dans le Louvre, et presque aussi spirituels que Bibi-la-Grillade devant les cuisses de l'Antiope, c'est la comparaison à la littérature d'Octave Feuillet de la peinture d'Alfred Stevens. Entendons-nous, quand nous aurons dit : un Feuillet qui revêtirait du style d'un Flaubert la psychologie d'un Stendhal, j'admettrai lá similitude.

Mais l'obstacle sur lequel tiquent et butent aussi inconsidérément que d'ailleurs obstinément, les gens pressés, les clientes de Paquin, ce sont les modes. Loin d'entendre que les toiles du maître, de tous autres points si parfaites, n'offrissent-elles que ce ragoût, il serait inappréciable ; elles oublient les chérusques de Porbus et les paniers de Nattier, et la sagacité de leur critique, en même temps que « la capacité de leur esprit, se hausse » et se borne à reprocher aux robes à volants de n'être pas des jupes *bonne femme.*

Le haut appoint d'historique intérêt et de somptueuse curiosité qu'ajoutent aux tableaux de Stevens leurs modes évanouies, les critiques citées plus haut, l'ont toutes bien compris et artistement expliqué. L'une d'elles trouve cette pittoresque expression : « la carapace des cachemires », et Monsieur de Fourcaud consacre à ces atours surannés, qui seront des costumes demain, un article entier, plein de broderies élégantes.

Complétons maintenant de quelques réflexions suscitées par les toiles du Quai Malaquais, des notations antérieures.

Et, dès le début, se peut-il qu'il ait arrêté les yeux sur le tableau prêté par le musée d'Anvers, le chroniqueur qui reproche à Stevens de mettre si peu de choses dans la tête et dans les yeux de ses femmes, qu'il ne saurait les baptiser que femme en bleu, blanc ou rose ? On pourrait tout d'abord répondre que le *Blue Boy* ne fut pas baptisé autrement, non plus que l'*Homme*

au gant du Titien, lequel cependant ne manque d'expression ni dans les yeux, ni dans la
tête ; et que tant de Madones au *voilé*, à la
chaise, au *raisin*, au *chardonneret*, au *poisson*,
au *singe*, au *lapin*, auraient peut-être fait plus
respectueusement d'emprunter leur titre au
Sauveur du Monde, qu'elles tiennent entre leurs
bras, qu'à ces vêtements, à ces meubles, à ces
fruits, à ces ménageries. Mais ce sont chicanes
d'à côté, digressions fantaisistes. Plus sérieux
est de constater, sans hyperbole ni conteste, que
nul tableau, fût-il de Zurbaran ou de Mathias
Grünwald, le *Naufrage de la Méduse* ou le
Prométhée de Salvator Rosa, ne l'emporte en
pathétique sur cet épisode mondain, plein de
frissons et de transes. Le tableau s'intitule simplement *Retour du Bal,* comme plusieurs des
compositions de notre grand féministe. « Femme
effondrée au retour du bal », Monsieur Geffroy la
caractérise plus exactement sous cette désigna-
tion. Je l'appellerais : *L'Atterrée.* C'est le plus
poignant des petits drames que peignit Stevens ;
celui-là rédige en grand sinistre une de ces déceptions parées, auxquelles il se complut et
excella. Les deux *Douloureuse Certitude,* exposées dans les mêmes galeries, en offrent deux

exemples, non sans angoisse. Le gazetier, qui juge Stevens badin, les a-t-il vues? Celle appartenant à M. Gardener est plus assombrie. Dans le détail de l'ajustement — car ces douleurs sont élégantes, et c'est la caractéristique de leur acuité qui échappe à notre esthéticien égaré, que cette opposition entre leur parure et leur souffrance demeurée humaine — j'ai négligé de noter ce vaste jupon blanc, dont la cloche se dessine sous la robe grise, et qui accompagnait la marche d'un fracas, plutôt que d'un froufrou, de toile empesée. L'autre (exposée sous le nom de Monsieur Hœntschell) est plus rageuse. Décrivant de mémoire sa toilette (je tiens à ces rectifications), je l'ai vêtue inexactement d'un taffetas gant de Suède. C'est une gaze du jaune un peu fané, d'une fleur de bouillon blanc ; ou, mieux encore, de la coque diaphane d'une alkékenge. Et la lumière rose des bougies, dont la flamme s'allonge, et la pâle clarté de l'ombre surprenant la mondaine en proie à son tourment, se fondent en une rousseur blonde qui baigne tout ce tableau dans un ton de plume de tourterelle. J'ai vu, dans les galeries Petit, une moindre toile, corrélative de la précédente ; variations sur le même sujet ; ce n'est pas un autre modèle, et la toilette est pareille; mais l'expression de la tête au regard fixe est plus concentrée, plus intense.

Or, les indubitables chagrins de ces deux sœurs sont tempérés, l'un par une dignité, par une grâce maintenues, l'autre, par une colère où la douleur se distrait. Mais ce thème, plusieurs fois varié au cours de l'œuvre, atteint à toute son intensité dans le tableau d'Anvers. Plus rien, là, des exquises mièvreries auxquelles se complaît ce pinceau charmeur. *L'Atterrée*, au retour de ce bal maudit, duquel il lui a fallu subir sans gaîté l'allégresse torturante, s'effondre dans l'anéantissement où la jette une nouvelle redoutée longtemps, certaine à cette heure. Et cette heure se prolonge, s'éternise, sous les habits de fête non quittés, et qui semblent participer, en se fanant, à l'extinction du bonheur, sous la lueur hybride qui se mélange du jour naissant, et de la lampe mourante, entre lesquels le visage en proie au désastre se noircit de tons plombés et d'angoisses secrètes. Ce douloureux vers de l'élégiaque Marceline s'y inscrit avec plus de cruauté.

« Le sourire défaille à la plaie incurable. »

Et ce serait une dramatique illustration des douloureusement amoureux poèmes de la Muse de Douai, que cette victime ornée et frissonnante, les bras ballants sous leurs bracelets, dont les joyaux alourdissent la retombée parallèle de ces deux mains, impuissantes désormais à ressaisir le bonheur.

Il est encore tout entier aux mains de l'héroïne de cette autre page magistrale, audacieusement intitulée : *Tous les bonheurs.* J'imagine que Monsieur Degas, qu'on a vu, et c'est un bon signe, parcourir, sa loupe à la main, les salles de l'École, a dû grandement apprécier le marmot glouton, si fort exempt de la fadeur des scènes dites maternelles. La charmante jeune mère [1], tant de fois heureuse, s'est attardée au dehors ; son nourrisson le lui fait sentir au retour. Aussi, est-ce même avant de retirer son chapeau, dont les brides sont simplement rejetées en arrière, qu'elle abandonne entre ses longs doigts fins qui le pressent comme un fruit juteux, son beau sein au poupon goulu, fermant le poing de plaisir.

C'est nombre de fois que la beauté de Madame

1. Madame Alfred Stevens.

Alfred Stevens fut reproduite par Alfred Stevens dans ses tableaux, mais voici une curiosité plus rare. Le hasard de mes promenades
m'a fait découvrir une toile qui pourrait bien
être de ce grand peintre et le représenter lui-
même, en compagnie de sa femme, aux jours de
leur lune de miel. Je m'empresse de dire que ce
tableau n'est pas signé, sauf de l'éclat *in fieri*
d'une maîtrise touchant à son apogée.

La toile mesure 1 mètre de largeur sur 0ᵐ80
de hauteur. C'est un sous-bois printanier tout
étoilé de blanches aubépines. La belle jeune
femme, assise sur le gazon fleuri, est vêtue d'une
robe fort bouffante (comme on les portait alors)
gorge-de-pigeon, dite *à double jupe,* dont la
plus courte est cernée d'une ruche. La ceinture
est rose, le chapeau, dit *chapeau-assiette,* est de
paille blanche, garni de coques pareillement
roses, semées dans une dentelle noire. Au col,
une cravate-jabot en mousseline claire rattachée
par une turquoise d'un bleu *sui generis* excellemment rendu. La main droite de cette mondaine présente une branche de lilas, comme les
madones de Luini font de leur ancolie; la
gauche retient de ces fleurettes volontairement
indistinctes qui ne veulent s'appeler que des

« fleurettes printanières ». L'expression du visage est énigmatique, de beaux yeux bruns au regard de côté, un regard qui écoute ; la bouche, au sourire retenu, n'est pas toute confiante et semble savoir qu'il y a des chagrins au fond des joies. Ces jeunes gens, placés l'un derrière l'autre, ne peuvent se regarder, mais se voient du cœur.

Un reflet de soleil, tamisé par les feuillages, effleure l'épaule du modèle et le costume du jeune homme plus faiblement encore. Il semble, lui, vraiment en contemplation devant sa chère compagne. Sa pose est aussi allongée sur l'herbe, il est en guêtres de chasse, sa veste est en velours brun, son chapeau-canotier d'un ton très fin repose sur son manteau étalé.

Les accessoires sont bien caractéristiques de la manière de Stevens : un châle de dentelle noire, un éventail d'ivoire découpé, si incommode et si à la mode alors, une ombrelle-marquise ouverte, également en dentelle noire, à la doublure d'un blanc-bleuté, au devant de laquelle des brindilles se détachent. Une paire de gants de Suède roulés ; enfin, détail, symboliquement voulu, un volume broché dont la couverture porte ce titre : « Son Printemps ».

Ce tableau pourrait-il être l'œuvre d'un camarade, d'un confrère Flamand, heureux de portraiturer son ami dans ces conditions amou-
reuses ? Je ne crois pas, je laisse de plus experts
en décider.

Un autre tableau qui, par rapport à Millet, et
vu son importance dans l'œuvre d'Alfred Stevens, sera peut-être un jour son *Angelus*, c'est
Le Convalescent. Toile vaste pour notre peintre.
Trois personnages : un long jeune homme assis,
dont la maigreur s'accuse en de noirs habits,
maintenant trop amples. Debout, devant lui,
une matrone le remonte° de propos réconfor-
tants et lui touche le front dont elle rejette les
blonds cheveux en arrière. Elle est vêtue d'une
robe de soie gris-fer, aux puissantes indications
de plis, d'un chapeau fermé à la mode du temps,
d'un cachemire aux nuances éteintes. Auprès
d'elle, sur le canapé, une belle jeune femme
considère le convalescent avec une aimable solli-
citude. La peinture de ce tableau est si souple et
si riche qu'on dirait du laque. Commune à bien
des tableaux de Stevens, cette qualité s'accuse
encore là. Et le rose velours des chaises, l'or de
leur bois, le noir des étoffes, le marbre de la
cheminée, les garnitures qu'elle supporte, dont

une pendule ornée de plaques en lapis-lazzuli
(qui reparaît au *Coin du feu* de Monsieur Feydeau), apaisent leurs reflets, absorbent la lumière,
satinent leur grain, et tout s'unit, tout chante,
en un concert harmonieux de tons colorés.

C'est le propre des belles peintures d'Alfred
Stevens, d'agir sur l'esprit comme une belle
musique. Et ceci n'est pas seulement une réflexion poétique, mais une observation tirée des
procédés de composition et de facture. Le petit
tableau de la *Dame aux cerises* le démontre
éminemment en son *thème* de rouge et de vert,
posé, avec ces cerises elles-mêmes, sur les ge-
noux de la jeune femme et développé au cours
de toute la toile par les variations de ces deux
tons, confiées aux étoffes du fond, du fauteuil,
de la toilette.

Une autre composition, en laquelle la déliée
physiologie féminime ne le cède point au rendu
exquisement fin, c'est dans le tableau insuffi-
samment intitulé : *La Visite* [1]. *La Confidence*,
L'Aveu, plus explicites, ne le seraient pas assez
encore. C'est un aveu d'une spéciale délicatesse.
La plus jeune amie, la plus récente mariée a fait

---

1. A Madame Cardon.

demander sa grande sœur, la compagne qui l'a
précédée en la vie, dans le mariage et la mater-
nité. Elle lui avoue son état enfin certain, ce
glorieux avènement, bourgeoisement connu sous
le nom de *position intéressante.* Mais ses premiers troubles, ses premiers malaises, une nouvelle forme de la pudeur ont rencogné derrière
un paravent luxueux la future jeune mère. Son
peignoir de mousseline blanche à pois, nuancée
de rose par un transparent déjà lâche, est une
merveille d'élégance et de goût. Pas un noir ne
durcit son personnage délicieux ; pas une lueur
ne l'accuse. C'est un miracle de demi-teinte,
entre tous unique, dans l'œuvre de Stevens ; un
doux sourire, en forme de croissant, relève les
coins de la bouche, les yeux sont baissés ; une
tendresse baigne les chairs, assouplit la stature ;
on dirait une mondaine interprétation du vers
d'Hugo :

« Ève sentit que son flanc remuait. »

L'amie, debout, rassurante, charmée, le profil
dans la pénombre, la nuque dans la lumière,
regarde, écoute, encourage ; et son burnous de
cachemire resplendit chaudement et mélodieu-
sement de tons de turquoise et de giroflée. Un

paravent de laque à fond noir, aux dessins d'or et d'argent, autre prodige de fini et de rendu, sert de cadre à ce chatoiement, chatoiement lui-même. Et ni la soie du canapé aux rayures Pompadour, ni l'or du bois sculpté, ni le vase vert-camélia, ni la tenture vert-saule, ni la cordelière aux glands soyeux, je ne dis pas ne se nuisent, mais ne cessent de collaborer à l'ensemble chantant, fort et fin, précieux et gracieux.

C'est un prodige de cet art que la juxtaposition de ces surfaces diaprées, non seulement sans mutuelle hostilité, mais en une association de richesses et un échange de distinctions, qui s'activent et se tempèrent.

Au rebours des escamoteurs, à l'encontre des ébaucheurs de masses, à l'instar des petits maîtres Flamands dont ce fut la vertu, Stevens, n'omet rien, et rien ne jure, rien ne crie, ne tire l'œil ; mais tout rayonne et retentit doucement en la musicale variété des formes et des nuances. Les objets sont tous à leur plan et à leur place, en ces milieux de choix ; et la chose que Stevens se trouve avoir peinte en les peignant si vraies, c'est ce qui n'existe pas et qui pourtant est tout, le fluide qui les baigne, leur atmosphère.

Et l'exécution est si parfaite, bien que sans
nulle monotonie, avec maintes variétés de
touches, pour chaque matière et chaque textile,
que si, par malheur, une de ces toiles se trouvait
coupée en vingt parties, chacune d'elles n'en for-
merait pas moins un petit tableau excellent et
complet. En outre, d'une toile à l'autre, cette
exécution qui se transforme, toujours en quête
d'une diversité ou d'un mieux, offre et parcourt
à elle seule des modulations infinies. Une preuve :
il est difficile d'assortir en pendant deux de ces
peintures, au choix, par la dimension du sujet
et la qualité du faire. On compte celles qui pourraient s'apparier ainsi : *Le modèle se chauffant*,
brune tête de Murillo, et la petite *Veuve* sur son
canapé rouge ; *La Femme au bouquet*, de Monsieur Manzi, et *La Femme aux papillons*, de
Madame Georges Petit, réaliseraient de telles
associations, avec autant de prix, autant de
rareté, que celles dont un habile joaillier a
grand'peine à les effectuer de deux solitaires
sans rivaux, de deux perles d'orient fraternel.
Les deux belles petites toiles de la collection
Georges Feydeau composent un de ces assorti-
ments ; on dirait deux Courbets en miniature :
une liseuse, celle-ci fort honnête femme, au

coin de son feu, en ses atours discrets de Pénélope bourgeoise ; l'autre, debout auprès du clavier, l'effleure du doigt, distraite, l'esprit au lointain.

La Charmeuse de papillons[1], un chef-d'œuvre de tous points, nous fournit une curieuse remarque. Je veux parler de ce quatrième doigt de la .main gauche, lequel se replie sur le manche du parasol japonais, en une courbe rentrante si expressive, qu'Ingres l'eût entre tous admirée, le grand amateur de raccourcis singuliers et véridiques.

Une autre toile, dont le détail aurait encore enchanté le grand et sévère Dominique, c'est *La Visite*, appartenant au Roi des Belges. J'ai parlé ailleurs de ce duo entre tous harmonique. Le chapeau de fleurs de la visiteuse, son châle de dentelle noire rejeté en arrière, la robe-princesse de son amie, faille *cheveux-de-la-reine*, garnie d'une *chicorée* de même étoffe, dont émerge le pied chaussé-menu d'un soulier turquoise assorti aux trois velours bleu intense, finement givré de blanc dans le reflet, qui se croisent en bandelettes sur la chevelure dorée,

---

1. Une nièce de l'artiste.

autant de jolis détails. Le beau, c'est le dessin de cette tête de jeune femme en train de mordiller expressivement le petit doigt de sa main gauche. Un peu agrandi, je le répète, un tel contour ne détonnerait pas dans la collection Montalbanaise.

Ce qu'Ingres eût envié dans le tableau *L'Inde à Paris,* au Chevalier de Bauer, c'est le geste des doigts qui s'évasent dans le penchement, l'appuiement, au bord de ce meuble, du corps de la belle mondaine. On dirait l'extrémité des plumes de deux ailes prenant contact avec le sol. Ce tableau est l'un des plus beaux de l'Exposition, par l'architecture de la composition : une table recouverte d'un tapis turc aux riches nuances sert de base à un éléphant orné de pierreries, qu'examine une collectionneuse [1] debout derrière ce bibelot de rajah. Elle est nu-tête et laisse complaisamment descendre son regard sur le pachyderme gemmé. Un fond vert-myrte reposant et réjouissant se tend derrière la robe de velours noir. Vers la droite, un *ficus* s'y assortit, qui découpe sur du rose-gris ses feuilles retombantes.

1. La femme de l'artiste.

Un tableau de pareilles dimensions (à M. Guasco) reproduit le même sujet, sous le même titre, en variant le personnage, l'attitude, le costume; et le proboscidien se surmonte, cette fois, d'une minuscule poupée. Une troisième variante du sujet figura dans la collection Khalil Bey. Gautier la décrit ainsi dans la préface du catalogue : « N'oublions pas les séductions d'Alfred Stevens, une jeune femme qui rêve, indécise entre les deux routes, devant une sorte de chimère japonaise tout en or, ayant pour verrues des diamants, des rubis et des saphirs symbolisant la richesse luxurieuse, et une lettre ouverte, emblême de l'amour pur. » Cette description s'applique en partie à l'allégorique scène intitulée *Le Cadeau :* une jeune blonde en robe d'*algérienne*, dont les manches lâches et transparentes rappellent certaines juives de Rembrandt, considère un tigre-joujou, placé sur une table en face d'elle. D'une main elle tient la lettre du donateur lointain ; de l'autre, une pensée, indice de souvenir. Naïf langage de fleurs et d'accessoires, renouvelé par cet art supérieur semblant s'être inspiré là du même sentiment qui faisait écrire à Baudelaire : « beauté du lieu commun », dans ses notes publiées posthumes.

Stevens m'affirme que Gautier a parlé, et plus longuement, de cet autre tableau : *La Lettre de faire-part*, dit encore : *La Femme en rouge*. Ce devrait être dans la préface du catalogue pour la vente Anastasi. *La Femme en rouge* y figure, et deux fois glorieusement pour Stevens, qui en fit don à son confrère, devenu subitement aveugle, comme tèl héros de Kipling. Elle se vendit 8,000 francs. C'est une des plus nobles peintures du maître. Il dut l'exécuter un jour de bonne santé et de belle humeur, cette page de joie et de tristesse. La jeune femmè, l'éternelle héroïne de Stevens, toujours diverse et toujours nouvelle, trouve, au retour d'une fête dont elle porte la parure, le douloureux billet bordé de noir qui la rappelle aux sombres pensées. « L'art est à moi ! » semble s'être écrié l'artiste, en peignant ce morceau d'une pâte si souple, de si libre allure, sans une surcharge, sans un repentir. Et, comme pour le signer d'un symbole mystérieux, la pierre qu'il suspend au cou de son modèle, c'est, mélangée sur la palette et portée sur la toile, en une seule touche exacte et subtile, par le pinceau, c'est la gemme du présage funeste, une trouble et troublante opale.

L'autre *Lettre de faire-part*, plus célèbre,

plus ancienne, plus étudiée, présente une tête expressivement inquiète, mais surtout offre à s'émerveiller d'un de ces cachemires triomphaux où Stevens excelle. Châle-burnous infinisant son kaléidoscope au-dessus des lourds plis d'une robe marron clair, en soie épaisse, *à pleines mains*, disent les chambrières. Le bichon jappe dans son sillage ; sa maîtresse l'oublie, perdue en l'incertitude du nom qu'elle va lire sur le papier cerné de noir. Vétilles devenues profondes par le rendu véridique et euphonique de ce que j'appellerais volontiers *le sentiment habillé*, tel qu'il nous apparaît dans le monde.

J'ai compté, dans l'Exposition, jusqu'à onze de ces cachemires. Joséphine en possédait davantage, mais non de plus beaux. Et celui que Mademoiselle Moreno vient de rajeunir gracieusement, sur la scène du Théâtre-Français, greffe, n'en doutez pas, ce renouveau de notoriété sur celles que lui valut d'avoir posé pour notre peintre, après avoir été porté par « la bonne Impératrice ». C'est une curieuse coïncidence que ce succès de l'Exposition Stevens et la reprise d'une pièce en proie aux mêmes modes. Écoutez-en le compte rendu ; ce ne sont que berthes, guimpes, mantelets, canezouts, ganses, fronces,

biais, bouillonnés, marabouts — et jusqu'à
l'effilé Tom-Pouce !

Le premier cachemire peint par Stevens drape,
dans le joli tableau *La Visite* [1], une jeune mondaine de 58, laissant glisser son regard sur la
carte qui accompagne un bouquet, messager
d'amour. C'est un châle à fond *tabac d'Espagne*,
un peu parent de ce châle jaune qui fascinait la
Cousine Bette que Balzac nous peint « en proie à
l'admiration des cachemires ».

Le tableau intitulé *Remember* nous sollicite
maintenant : une mondaine rousse, assise en
toilette de soirée, qui n'est autre que le dessous
de soie jaune porté par le modèle de *L'Atelier*.
Elle s'abrite de cet éventail dont le peintre aime
à faire jouer sur un teint l'ombre délicate. Teint
bien en accord avec la physionomie, la physiologie de la dame. Jamais Stevens ne commettrait
cette erreur de couronner de cheveux roux une
peau de blonde. Dans le panneau que je possède, *La Psyché*, admirez comme la carnation
mate et un peu olivâtre du modèle s'assortit à
sa brune chevelure. La jeune femme de *Remem-*

---

1. Si je ne me trompe, à M. Vimenet. Quatre des tableaux
exposés portent ce titre.

ber a les sourcils effacés, les cils blancs, et sa *complexion* fait penser à ce vers de Mallarmé :

« Un automne jonché de taches de rousseur. »

Un coin de fauteuil doré Empire, garni de bleu turquoise, s'associe heureusement au jaune de la robe, au ton du gant de Suède. Et le fond sans détail, se creuse lointainement derrière la pensive figurine. — *La Femme en vert*, de la collection Guasco (encore une femme au cachemire), regarde d'un air pénétrant un tableau de chevalet, son portrait peut-être. C'est, pour me servir d'une subtile expression d'un poète, celle que j'aime le moins de celles que je préfère, avec certaine *Liseuse* appartenant au Prince de Ligne, bien que cette dernière rayonne un charme discret assez semblable à celui qui émane des pensives figures de Fantin-Latour.

Telles sont, plus ou moins restreintes ou spacieuses, avec celles mentionnées dans la précédente étude, les plus exquises, les plus magistrales, les plus parfaites, selon moi, d'entre les toiles d'Alfred Stevens exposées à l'École des Beaux-Arts, en février 1900.

Il est instructif d'y examiner aussi des toiles plus anciennes (devers 55) d'une facture moins

libre, sentant encore un peu l'école. Disons
L'Avare, *Le Mercredi des Cendres*, *La Leçon
de musique*, *La Mendicité interdite* et *La Mendicité tolérée*, ces deux dernières d'allure un peu
puérilement mélodramatique, mais d'un faire
puissant, rappelant un peu celui de Joseph Stevens. Il n'eût pas été sans intérêt de rapprocher
sur une même paroi ces quelques tableaux, dé-
buts, origines de l'artiste.

Leurs dimensions insolites ou plus restreintes
composent encore un groupe à part, de quelques
tableautins que je citerai : *La Liseuse couchée*,
merveille de camaïeu ivoirin, de la poitrine nue,
de la robe d'algérienne où la chair rose trans-
paraît, des mains, du livre et de la fourrure du
blanc fauve, où s'allonge et se frôle amoureusement le corps de cette savante voluptueuse.
Liseuse, qui se transforme en lascive *Dormeuse*,
dans un panneau d'égale forme et de pareilles
dimensions, propriété de Monsieur Madrazo.
Semblables blancs crémeux de la diaphane robe
aux soyeuses rayures et de la poitrine ivoirée,
ouverte aux effluves caressants d'un jour d'été ;
même collier de corail aux couleurs de baies ;
seuls, les cheveux sont devenus roux, comme
pour s'assortir à ce bijou, au fond d'un ton

pompéien, à l'écran de forme japonaise. — *La Dame en bleu*, dite *Le Bluet*, figurine unique en son genre, est assise au beau milieu d'un paysage qui baigne de tons légèrement virides une toile de deux tons d'azur, « *wedgwood* » et saphir. — La *Rose-Thé*, une jeune femme aux seins nus et si délicatement nuancés du ton de la fleur, qu'on les prendrait pour cette rose elle-même. — *Le Pianiste Hongrois*, petit portrait, ensemble distingué et flamboyant, d'un blond jeune homme, aux cheveux longs et drus à la Liszt, au visage finement ombré ; une transcendante étude laquée en pleine pâte, où le luisant palissandre de l'instrument, la musique entr'ouverte et le lisse clavier, la culotte gris-perle ornée de broderies, le tabouret d'un rouge de géranium, sont ébauchés et entièrement rendus en quelques touches toutes puissantes. Stevens a peint ce tableau en une heure et demie (le temps ne fait rien à l'affaire), d'après l'accompagnateur de Rémenyi, le violon célèbre. — Trois petites études, en lesquelles Stevens rencontre Whistler : *La Fillette à la poupée*, une combinaison en rose et vert à ravir le peintre des arrangements ; *La Femme au peignoir* et *La jeune Femme assise*, un minois, une Mimi-Pinson d'atelier, en plus rosse (un peu la Bessie de *La Lumière qui s'éteint*), le modèle gentil et commun en sa toilette de rue, la voilette blanche relevée, et les mains aux doigts trop courts, cherchant à se rejoindre sous leurs bagues en faux et hors des fausses manchettes de toile empesée. — Trois petits portraits : deux garçonnets, le rêveur, le jeune Montrosier, mélancolique adolescent ; et le volontaire, le jeune Peter, profil accusé et fin, au-dessus d'une flottante cravate de deux tons de rose ; puis une petite tête de jeune femme blonde, à la coiffure garçonnière aussi, et qui plus loin s'accommode aux sombres atours de *La Veuve avec ses enfants,* dans le tableau du Musée de Bruxelles.

Quant aux grandes figures, si je n'en parle pas, c'est qu'elles ne sont point typiques du talent de Stevens. Celle en laquelle il a égalé ses petites toiles, c'est *La Femme au bain* de la collection Humbert, non exposée aux Beaux-Arts, et remplacée par une autre baigneuse, moins belle, à la gracieuse tête de Sirène, dont un des mérites est de rappeler ce joli vers de Musset :

« La Naïade du bain qui pleure en s'égouttant. »

J'ai tout énuméré de ce qui me semble hors ligne. Je m'en voudrais (Stevens lui-même peut-être m'en voudrait) d'omettre ses *marines,* qui ne sont pas mon faible dans son œuvre, mais qui y jouent un notable rôle dont il est fort jaloux. En tout cas, peut-être en aurait-on dû faire l'objet d'une réunion spéciale, plutôt que de les mélanger aux portraits de femmes. Et pourtant la mer n'est-elle pas femme comme elles, mystérieuse, énigmatique, pleine d'accalmies et de cruautés sous ses robes changeantes, pleines elles-mêmes, dans la dentelle de leurs vagues, le frisson de leur flot ou l'ourlet de leur écume, de roses d'aurore ou de nocturnes violettes? Ce que je préfère, c'est une série de vues de la Riviera, dont le peintre a bien rendu l'atmosphère sans voiles, les contours nets et presque durs, les maisons peintes comme des fleurs dans des paysages de pins qui s'assombrissent au crépuscule, sous des ciels bleu pâle qui se mélangent à l'azur méditerranéen décoloré par le soir naissant en une clarté surnaturelle.

On reproche généralement aux coins de paysage, aux bouts de jardin que Stevens encadre dans une fenêtre ouverte, un peu de froideur, un éclat un peu creux ou un peu cru. Ce

sont bien, il est vrai, des paysages de peintre
d'intérieurs, nature convenue et pimpante, fac-
tice et superficielle. Néanmoins ces décors, voire
ces portants, sont à leur place et à leur valeur,
et parfois, comme dans *La Femme aux papillons*, le peintre prouve qu'il sait traiter les vertes
plates-bandes et les ombreux sous-bois avec non
moins de consciencieuse passion que les paysages
dorés des paravents de laque.

Je conclus par quelques détails typiques, récemment glanés. La figure de femme de *L'Atelier du peintre*, et cette autre, d'ailleurs assez
dissemblable, de la *Douloureuse Certitude* (en
robe de soirée) furent posées par un modèle du
nom de Victorine, dont il appert que le maître
se plaisait à en interpréter l'élégante silhouette,
plus qu'à rechercher sa ressemblance exacte.
Dans le premier de ces deux tableaux, parmi les
objets occupant le fond du décor, la photographie d'une tête d'homme est reproduite avec une
singulière vérité : c'est un portrait de Baudelaire. De même que la robe d'algérienne, tant
aimée, tant de fois reproduite par le peintre, lui
avait été donnée par la Princesse de Metternich, la robe de la *Dame rose* lui vient de
Madame Doche. Un jour l'histoire sera faite de

ces robes variées ou redites par Stevens, dans tel ou tel de ses tableaux, chiffons immortalisés, loques transfigurées ; candide robe bleue du *Printemps,* que sillonnent de fins velours noirs, tels que d'obscurs filons de deuils préventifs ; robe rose de *L'Été,* dont les boutons de métal poli sont autant de miroirs menus qui reflètent le paysage. Le grand amoureux des robes devait aussi se préoccuper de ces robes de l'ameublement qui sont les tapis de table. Il en a peint beaucoup, de rutilants et de discrets. *La Visite* [1] et les *Derniers jours de veuvage* en contiennent deux extraordinaires.

Un mot de la célèbre ambassadrice que je nommais tout à l'heure : « Princesse, Stevens trouve que vous avez *du chien,* lui dit-on un jour. » (La locution venait d'être inventée.) Et la spirituelle dame de répondre : « Est-ce le peintre d'animaux ? » — C'est un plaisir d'entendre le maître remonter le fil de ses souvenirs. Je lui exprime mon admiration pour la collection de ses œuvres réunie aux Beaux-Arts : « Et pourtant mon chef-d'œuvre n'y est pas ! » me réplique-t-il. Ce chef-d'œuvre, c'est, selon lui, *La Trico-*

---

1. A Madame Cardon.

teuse, une femme en blanc (toujours la robe d'algérienne), assise, en train de travailler à un ouvrage de soie bleu pâle. « Je ne sais pas comment j'ai pu faire cela, me dit naïvement Stevens ; j'ai revu le tableau il y a quelques années, j'en étais épaté ; c'est d'une couleur !... » Un désaccord avec le collectionneur Bruxellois a privé l'Exposition de cette toile privilégiée. Or un autre chef-d'œuvre est là, incontestable, lisible pour tous, *Le Cadeau* [1], à l'égard duquel son auteur se montre moins équitable. Comme on le lui racontait minutieusement : « C'est étonnant, murmura-t-il, je ne m'en souviens pas. » Ainsi de l'arbre prodiguant ses fleurs et ses fruits sans se rappeler les regards rassasiés, les soifs étanchées. D'autres tableaux, qui prétendirent prendre rang au catalogue avaient moins de droit au souvenir de leur peintre. L'un d'eux, annoncé d'avance et non sans ostentation, lui fut apporté avec inquiétude par un commissaire zélé. Cette petite toile, assez adroitement truquée dans la manière du maître, n'était pas de lui, était fausse.

Par contre, j'ai vu chez un marchand de ta-

1. Décrit plus haut.

bleaux une petite peinture d'un fini presque excessif, que Stevens appelle *L'Angelus*. C'est une jeune femme, en robe de soie noire, assise près d'une fenêtre ouverte. Ses bras ballants tombent avec le livre qui l'occupait et, dans la mélancolie du soleil couchant, elle écoute tinter l'*Ave* du village.

Maintenant l'Exposition s'achève en un murmure universellement édifié. D'autres maîtres, d'autres habiles artistes, amis et admirateurs de Stevens, fort au courant de son œuvre, la voient se surpasser elle-même en cet ensemble subjuguant et charmeur. Messieurs Carolus-Duran, Béraud, Gervex se sont multipliés pour assurer cette glorieuse joie à leur confrère. Monsieur Benjamin-Constant commente ces tableaux de compréhensive façon, et Monsieur Degas promène sur leur émail une loupe non déçue. Monsieur Forain s'arrête émerveillé devant le tableau appartenant au baron Blanquet lequel va, ces jours prochains, éprouver les enchères[1]. Enfin, Helleu, le jour de l'inauguration de ce petit musée, exprimait son enthousiasme par

---

1. Elles l'ont adjugé pour vingt et un mille francs à Monsieur Georges Feydeau.

un mot qui fut rapporté à Stevens et le réjouit :
« A côté de cet homme-là, nous ne sommes tous
que des maçons ! »

Est-ce à dire que « la brute hyperboréenne des
anciens jours, l'éternel Esquimau porte-lunettes
ou plutôt porte-écailles que tous les éclairs ne
sauraient éclairer [1] » se rende à ce charme décisif ? Dieu nous en préserve ! Ce monstre m'est
apparu sous forme mâle et femelle, dans l'Exposition, bien notamment le premier jour, et j'ai
vu — à distance, heureusement ! — sa *hideuse
bouche* se crisper en la significative déformation
qu'inflige aux contours buccaux une bêtise proférée. Cette bêtise, ce doit être l'une de celles
qui sont le plus chères au Philistin ; elle consiste
à traiter de *goûts malades* les goûts autres.que
ceux des gens qui emploient leur trop de santé
à dire des niaiseries. Voici, en outre, le mot
d'une des petites filles du Cousin Pons : « Je ne
me représente pas un Stevens chez moi. » N'eût-
il pas été plus judicieux de demander au tableau
ce qu'il penserait lui-même de la cohabitation
avec une personne si éclairée ?

Quant aux vraies femmes, « reconnaissantes

1. Suivant un texte de Baudelaire.

d'être si bien devinées », selon une jolie expression inspirée par l'Exposition Stevens, — un peu déroutées cependant par les toilettes avec lesquelles elles jouèrent pour la première fois *à la dame,* quand elles étaient enfants, elles murmureraient volontiers, devant beaucoup de ces tableaux, ce vers de Mallarmé, si elles ne commençaient pas par l'ignorer :

« En toi je m'apparus comme une ombre lointaine. »

Et leur palme, leurs fleurs à la main, elles s'avancent vers le vieux maître qui les devina, et lui composent de leurs noms associés la stèle gravée en tête du catalogue, et qui restera comme un curieux document d'art et de mondanité de la fin du siècle.

Et celle qui s'est mise à leur tête, la Comtesse Élisabeth, arrivée auprès de son illustre compatriote, lui récite ce mien sonnet, qu'il entend, qu'il aime :

AU MAITRE ALFRED STEVENS

Vous avez révélé les velours et les voiles
D'une Vénus qui naît de l'écume des flots ;
Non les flots de la mer aux trop profonds sanglots,
Mais les flots de sa jupe, aux bijoux pour étoiles ;

Comment nous faites-vous frissonner jusqu'aux moelles
Rien qu'à peindre avec art de précieux tableaux
Où vers une Cythère aux amoureux îlots
De belles robes vont gonflant satins ou toiles ?

C'est qu'elles sont l'aimée et l'amante, en essaim,
Ces femmes, dont je vois, sans cris, battre le sein
Près des souples émaux de l'ample cachemire ;

Et que ce ne sont pas les moins âpres douleurs
Que celles dont l'émoi dans les Psychés se mire,
Et qui, pour leurs colliers de perles, ont leurs pleurs !

Une épreuve pour laquelle l'épithète de Dantesque, seule, aurait suffi, n'a pas été consommée. Stevens, seul d'entre tous les Parisiens, n'aura pas été privé d'admirer son Exposition. Il sort d'en faire, aujourd'hui 28 février, la visite discrètement triomphale. Un mercredi des Cendres, titre de son premier tableau exposé là. Ses amis, ses proches, l'entouraient, heureux, attendris.

Dans son fauteuil roulant, moderne transposition de la litière du Grand Cardinal, il a fait le tour des salles que son art a si finement brodées. Cette tapisserie a quelque rapport avec

celle que la Princesse de Beauvau adorable-
ment émailla de toutes les roses du Rosaire. Le
Rosaire de roses d'Alfred Stevens, ce sont tant
de minois fleuris de sourires, empèrlés de larmes. Le maître en a pleuré à leur aspect, de
douces, de nostalgiques. On l'a fêté sur tout le
parcours de ces stations de beàuté. On l'a acclamé
devant cette merveille qu'il a intitulée : *Tous les
bonheurs*. Ces tableaux, il les reconnaissait, les
caressait du regard, s'inquiétait de leur santé
matérielle, de leur état, visiblement préoccupé
de leur viabilité, de leur longévité, de leur avenir. Et quand, sur le seuil de ces galeries, il a
vu l'accueillir, le gracieux essaim de ces jeunes femmes qui lui doivent de se survivre, ne
fût-ce pas touchant, en présence de tant de
chefs-d'œuvre et tant de souvenirs, d'entendre
le vieux grand maître chuchoter ce mot de coquetterie, mot de confidence aussi : « Voilà donc
tous mes vieux péchés ! »

L'Exposition est close. La réunion est disper-
sée : « On croit déranger le xviiie siècle qui cau-
sait », écrivent les Goncourt à propos des im-
pressionnantes salles du Musée de La Tour. Du

musée de Stevens, on aurait pu dire : « On croit déranger le Second Empire qui rêvait. » Peu ou point d'hommes : un pianiste, un convalescent, deux ou trois éphèbes. Mais tout ce que l'antiquité avait intitulé un *Sénat de femmes*, éprises d'art, endolories d'amour, exaltées de coquetterie, à se faire entre elles la montre du dernier bibelot, la confidence du dernier caprice, les honneurs du dernier cachemire.

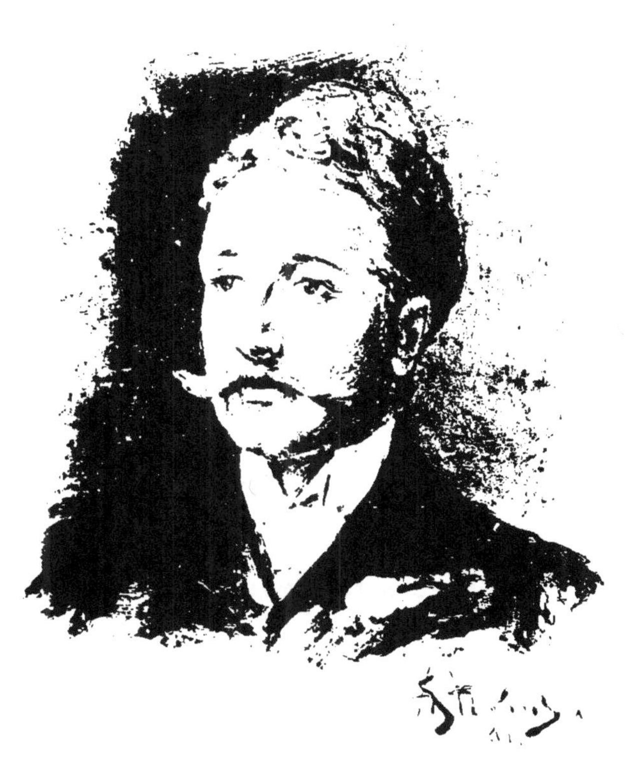

GEORGES RODENBACH
(1855-1898)

Portrait par STEVENS sur un volume de ...
provenant de la Collection Goncourt
et croqué par l'auteur du présent ouvrage.

II

Le Pasteur de Cygnes.

Georges Rodenbach

Le ciel des Flandres, l'eau des-miroirs, canaux mélancoliques, et qui me mènent à d'autres visages. Celui que j'y voulais peindre, que
cette similaire qualité de Franco-Flamand,
la passion des mirages, le rendu des reflets,
l'art des nuances, apparentaient à Alfred Stevens, celui qui s'y allait *décalquer,* selon une
expression qui lui plaisait, le poète exquis,
l'ami sympathique, au sens exact de ces mots
poncés par l'abus, Georges Rodenbach, s'y esquisse plus pâle. Sa forme hésite; le diadème
en filigrane d'or de ses cheveux se confond au
halo de la lune, aux spires de l'eau sous le poids
silencieux des cygnes. J'évoque en vain les traits
de mon ami; l'onde semble jalouse de les con-

server en son cœur; puis, tout à coup, ils se
précisent, montent à la surface en une blancheur
d'hostie, et la tête transfigurée, désormais pareille à la cité, émerge au-dessus des eaux de
Bruges-la-Morte.

C'est véritablement dans l'instant même, où
le cours de ce récit et de ma prédilection,
m'amenait à susciter le poète dans sa ville,
qu'il me faut le ressusciter, et que sa mort soudaine change en encre noire, l'encre bleue de
ces souvenirs.

Je n'aime guère les portraits après décès, tels
que les conçoivent les familles qui infligent à
des peintres, souvent de talent, la cruelle obligation de se conformer à une fantaisie macabre et
irréfléchie. J'admets l'anthropologique intérêt
que peut offrir à des spécialistes, le masque
mort d'un Richelieu, d'un Voltaire, d'un Napoléon; mais, pour ceux qui ont le bonheur de
n'être point des monstres historiques, n'est-ce
pas un triste legs infligé à leur gloire distinguée
et discrète? Funestes images substituant au
souvenir vivant qu'il s'agit de faire durer, le dé-
plorable tableau de leur destruction partielle.
Portraits exposés à d'étranges vicissitudes, entre le frigide malaise qu'ils imposent aux visi-

teurs et à nous-mêmes, pour le scandale de s'égayer devant eux ; et le non moins scandaleux exil qui, la gaîté revenue, (que les défunts modèles eux-mêmes se montraient jaloux de ne pas bannir) relègue à l'oratoire, sinon en moins honorable lieu, le rabat-joie funéraire.

Dieu me garde, et bien que le livre n'ait pas l'inexorabilité du cadre, d'obscurcir par la transposition littéraire d'une si fatale effigie, la présence réelle du poète. Car l'œuvre est une transsubstantiation — eucharistique symbole qui lui plairait — les lecteurs y viennent communier ; ainsi, l'écrivain demeure parmi nous. Entre nombre de choses mal interprétées que contient la vie, il y a notamment la mort. Nous ne voyons que peu nos amis ; l'admiration qui exalte notre amitié nous vient, pour eux, de ces travaux qui nous les dérobent ; alors, pourquoi ne pas nous les figurer dans leur trépas, ainsi qu'en une solitude fructueuse et un peu distante, où se trament, pour mieux mériter encore de notre élogieuse affection, des strophes plus intensives.

Il serait trop triste de se représenter à jamais dénuées de son visage aimable, doucement fulgurant d'un toupet d'or cendré et fin, au-dessus

du hausse-col un peu naïf, mais sans prétention
et seyant au type, les réunions qu'il éclairait de
bon accueil, de bonne grâce courtoise et simplement diserte, de jolies phrases notées qu'il ci-
tait, inventées, dont il offrait la surprise. C'était
un goût chez lui, de sertir une expression triée
au cours d'une conversation, d'une lecture;
d'en faire (tel qu'un Goncourt tirant de sa po-
che pour s'en réjouir au beau milieu d'un repas,
le bibelot récemment acquis) chatoyer la termi-
nologie raffinée, voire quintessenciée.

Le terme convient à notre Poète, il était abstracteur de quintessence. On sait ce que signifiait
ce mot pour les vieux alchimistes. En possession
des quatre essences, autrement dit des quatre
éléments, ils s'évertuaient à la recherche d'un
cinquième, l'absolu, le générateur de l'or, la
pierre philosophale. Les éléments du monde
poétique de Rodenbach étaient distincts et restreints, *leitmotiv* monotones (dont c'était le
devoir, le droit et la grâce de l'être) périodiques
jusqu'à la redite, au point qu'on puisse se demander sans injure s'il n'avait pas épuisé les
variations de ces thèmes immuables. Point déli-
cat; je ne l'aborderais pas s'il ne me semblait
conciliable avec la plus haute estime pour

l'homme et ses ouvrages. C'est une coutume, surtout devant la tombe des artistes jeunes, de s'attendrir sur la virtualité des projets qui s'y enfouissent. Je ne pense pas ainsi. On sait que, de leur pouce retourné (*pollice verso*) les vestales Romaines pouvaient agir sur le destin des gladiateurs dans l'arène. La mort est une vestale dont le pouce excelle à donner à une fin de vie l'allure qui sied et à certaines œuvres interrompues un air inachevé plus seyant que n'eût été *l'exegi monumentum*. Je citerai, entre autres, dans le présent, celle de Carriès, qui m'est chère. Dans le suréminent passé de l'art et du talent, Raphaël et Pic de la Mirandole morts, à trente ans, l'un sans achever sa *Transfiguration*, l'autre défiant *sur tout savoir possible*, ont témoigné qu'une telle période suffisait pour une évolution géniale. Jésus a fixé à ce terme l'expiration de sa carrière humano-divine. Et le penseur qui exige que tout enthousiaste soit crucifié à trente ans en donne pour raison qu'il n'y a plus de place au delà que pour les excès de l'expérience.

Un vif esprit que Rodenbach aimait à citer a écrit cette phrase mémorable : « La vie étant un tout, c'est-à-dire ayant un commencement et une fin, il n'importe pas qu'elle soit longue ou

courte ; il importe seulement qu'elle *ait ses proportions.* On ne peut donc se plaindre que d'une
mort prématurée, qui arrive avant la fin de la
vie : une telle mort n'est pas en effet la fin,
mais l'interruption de la vie. » L'âge d'un
homme n'importe pas. Ce qu'il sied de considérer c'est l'âge de son œuvre. Or, on peut dire
que celle de Rodenbach, restreinte à ses quatre
éléments, a coulé en leurs muettes ou tendrement
chantantes douceurs, les quatre âges de sa vie.

Ces quatre éléments contigus, incessamment
renouvelés par l'échange de leurs complémen-
taires et de leurs rayons simultanés, c'étaient
d'abord, comme à Stevens, les miroirs, miroirs
des glaces, miroirs des eaux, miroirs des yeux,
miroirs des âmes. Puis, sur eux et sur elles, les
cygnes, rêves des ondes, les regards, cygnes des
cristaux étamés, les rêves, cygnes des prunelles.
Et, à leur suite, toutes les blancheurs, jusqu'à
celle des hosties, avec, pour elles, les communiantes. Transformisme insensible qui, dans
l'ombre, va les changer à ces béguines en
mantes, comparses favoris de cette poétique, et
leur réplique ténébreuse. Terrestres robes en
cloches qui, finalement, se bronzent, s'enlèvent et
se suspendent aux beffrois pour d'aériens caril

lons lugubres. Le quatrième élément, le feu,
palpite à leur voix : les cierges qui ouvrent
des plaies de lumière dans l'ombre des temples ;
les lampes qui éclosent des roses de flamme
dans la nuit des chambres. Cierges qui viennent
en aussi originales images, bien qu'en rimes
moins exactes, en rythmes moins fidèles, de
saigner leur suprême chandeleur, roses qui
viennent de se défeuiller et, lampes, de se défleu-
rir, dans ce *Miroir du Ciel natal*, dernier livre
du jeune Maître.

Le volume fût-il ce que *l'Avenir de la Science*
fut à Renan ; ce que leur *Journal* fut pour les
Goncourt, l'origine de tout le reste ? Je ne le
pense pas. Et les nouveaux modes dont, à mon
regret, l'auteur y a fait usage, ne sont pas pour le
laisser croire. Mais, cela serait, qu'il n'y aurait
pas lieu d'en être surpris, puisqu'à travers ces
rythmes moins personnels, où d'autres se sont
montrés plus experts, et en lesquels se diluent
des tableaux qu'il a mieux fixés, se déroulent
comme récapitulativement, tout le schéma de
ses ouvrages précédents, tous les thèmes de sa
musique de chambre.

S'il eût vécu, un esprit aussi ingénieux que
l'était celui de Rodenbach, cela n'est pas douteux,

se fût renouvelé pour produire d'autres travaux.
Mais la fantaisie de transformer son art en celui
de joaillier, de devenir un Lalique, ne lui eût pas
infligé un renouvellement plus total. Car il avait
fait dire (et presque excessivement en ses derniers chants), aux figures et aux termes dont il
avait fait choix et qui l'avaient élu, tout ce qu'ils
étaient susceptibles de rendre. Donc, à mon sentiment, ayant eu à vivre la seconde moitié de sa
vie, ce poète aurait pu accomplir une autre
œuvre. Mais celle qu'il avait entreprise, et c'est
une consolation de le penser, il l'a menée à bien,
terminée à souhait et à temps; nulle autant
qu'elle n'a mérité le titre de *poïèma*, en le sens de
chose faite; et son récent ouvrage, on peut l'affirmer, — en une de ces catholiques similitudes
qui lui étaient chères — n'a fait qu'en recueillir
et rassembler les précieux éléments, comme le
prêtre le fait d'un doigt pieux, sur la pierre de
l'autel, pour les particules de l'hostie. Ses litté-
raires équations, les évocations à lui familières,
y échangent leurs termes habituels en un vertige
tournoyant; les quatre éléments de cette poétique,
jusque-là distincts, communiquent et se rejoi-
gnent. Il ne suffit plus aux robes blanches ou
noires de se transformer en cloches, ou *ad invi-*

cem ; mais ce sont les premières communiantes qui deviennent des cygnes. L'hostie se confond à la lune, « Et les cygnes en communient, — Pour que la lune ajoute à leurs blancheurs insignes ».

Je pourrais multiplier les exemples. Valse mystique, assez semblable à ces danses autour des autels qui se perpétuent en Espagne. Car Rodenbach pense bien être un mystique, mais il est aussi danseur. Il conclut son livre, bien différent de *Sagesse* (d'un mysticisme déjà fantaisiste) et noue la ronde de ses symboles, par un finale en offrande qui n'a pas l'accent de celui de Verlaine. Et ses coryphées dévotieux dont la main droite se trempe au bénitier du Pauvre Lélian, tendent la gauche à ces Clarisses en rose, un peu sacrilèges, mais tout de même innocentes, qui, sous l'ecclésiastique direction de Monsieur Catulle Mendès, apprennent un pas, d'une Reine de Rêve. Pourtant ce va-et-vient d'éléments connus se résout en une inconnue, un cinquième élément, une cinquième essence ; le *silence* qui pèse harmonieusement sur cette œuvre nous y avait préparés ; il s'approfondit.

Les cierges « ont l'air de mourir en spasmes de lumière » ; le réverbère « voit l'ombre de sa

boîte en verre — Former avec ses quatre pans
— Comme un petit cercueil à terre ». Les femmes
en mantes, « cloches de drap, comme un glas »,
semblent tenir « des cercueils de petits enfants ».
Les communiantes, qui ne sont que des clochettes,
et les cygnes, qui sont devenus des communiants,
ont reçu leur mutuel viatique, elles de l'hostie,
eux de la lune. C'est ainsi que la création limitée
du poète s'est acheminée à la trouvaille de son
cinquième terme. Cette quintessence, ainsi qu'au
temps des vieux alchimistes, est bien encore fille
de la terre, puisque, fictivement en l'œuvre de
ce poète, effectivement dans sa vie, elle n'est
autre que *la Mort.* C'est ainsi qu'il rentre en
lui-même et retourne à son principe, car il était
né d'elle, né d'une ville morte, et entre toutes,
à son dire. Nous verrons quel fut l'effet local de
cette interprétation. L'on a dit que Rodenbach
était un homme envoûté par une ville ; c'est
vrai ; ainsi qu'on peut et doit être, au dire du
sage, l'homme d'un seul roi, d'un seul maître,
d'une seule femme, d'un seul livre, il a été
l'homme d'une seule ville. Né d'elle, ès-lettres,
s'entend, puisqu'il est en réalité, né à Tournai,
il a vécu d'elle, il en est mort. On peut dire qu'il
s'y était incorporé, qu'il était devenu elle-même,

charriant sur le sang pâle et sur la lymphe des canaux changés en ses veines, des cygnes blancs ou noirs, suivant les jours de grâce ou de nostalgie ; que les battements de son cœur étaient les sonneries de ces cloches qui, selon le degré de son spleen, s'incarnaient en adolescentes ou en béguines. Une malice que je cite parce qu'elle est sans malignité en même temps qu'oraculaire, ·l'avait intitulé le *Brugeois Gentilhomme ;* c'était vrai encore de cet aristocrate artiste qui a passé sa vie à transposer les mots de la déclaration qu'il avait renouvelée pour elle : « Belle dame, vos beaux yeux me font mourir d'amour. »

Ninive du Nord dont il s'était fait le Jonas pour en prédire la ruine. Pour l'accomplir, il la veut Jéricho, dont sept fois il fait le tour, sa lampe à la main, et sonnant d'un airain voilé. Pour la réédifier, il est Amphion, elle, Thèbes. Et les vieilles pierres ciselées s'agitent et s'étagent. Oui, c'est à Georges Rodenbach, il sied de le proclamer, que Bruges doit la sorte de résurrection qui est sa survie. Il l'a proclamée morte, et de ce mot, l'a recréée en cette sorte de lapidaire *nirvânâ* qui est l'immortalité de l'âme des pierres.

Maintenant, quel fut le salaire de ce rachat?

Hélas ! bien entendu, toujours le même. J'ai eu
trop souvent l'occasion de le traiter avec une
amère prédilection, notamment dans mes chapitres sur Hello, sur Boeklin, sur beaucoup
d'autres, non pour avoir épuisé l'inépuisable
matière de l'incompréhension et de l'ingrati-
tude, mais pour qu'il ne me soit plus permis
que d'en broder les variantes et nuancer les
vicissitudes. Nul doute que si les pierres avaient ·
été appelées à se prononcer sur le gré qu'elles
devaient à leur embaumeur, elles n'eussent proclamé sa gloire. Mais les cœurs sont moins éclairés et moins cléments. J'en donnerai pour
preuve ce qui m'advint, lors de mon pélerinage
Brugeois en l'automne de 98. Car je suis un de
ceux que la lecture de Rodenbach incitait à se
diriger vers « la plus morne des villes grises » ;
le jubilé de Rembrandt m'en fournit l'occasion,
je revins par Bruges. Le soir m'accueillit. Le
ciel pathétique et inéclairé était plein des arden-
tes effiloches de son qui composent l'atmosphère
de ces ciels Flamands et le titre de ce diptyque.
Je sortis pour m'enivrer de ce polyphonique
phénomène, après avoir rendu grâce au symbolique hasard approprié, qui faisait accéder à
ma chambre d'hôtel par un escalier dont les bar-

reaux étaient autant de roseaux forgés et peints, plantés dans le bec d'autant de cygnes. L'heure se déchaînait dans la nue 'en arpèges bronzés et gutturaux, du gosier de pierre du beffroi. Ces carillons ne sont souvent que de grossiers harmonicas de fer, enroués, désaccordés et dont on voit les marteaux s'élever puis retomber à faux comme les sabots noirs d'un Quasimodo métallurgique. Celui de Bruges a plus d'allure. Il éploie dans l'espace, comme de sonores drapeaux lacérés, le *ferrum est quod amant* de ses harmonies. Elles sont rudes et raffinées. On dirait du Brahms orageux, de la musique de l'avenir tempêtueuse. Elles agissaient véhémentement sur Rodenbach, et il en a tiré le sujet d'un de ses romans, qui est un vaste poème en prose. J'entends parfois des compositeurs pourtant ingénieux se plaindre du manque de livrets poétiques. J'en connais au moins deux.

On sait le sujet du *Carillonneur*. La scène ouvre sur la grande place de Bruges, à l'heure d'un concours pour l'élection de ce fonctionnaire entre terre et cieux. Les concurrents se succèdent dans le beffroi, et la foule groupée au pied de la tour attend anxieusement le retour des nobles et familières mélodies auxquelles l'avait formée le défunt organiste aérien. Hélas, de vulgaires flonflons de bronze, viennent seuls attester l'irrémissible déshonneur de l'éther, car tous les candidats inscrits pour l'épreuve, s'y sont soumis, et la population grondante en bas témoigne houleusement de son mécontentement et de sa crainte. Soudain un inconnu s'engouffre dans l'escalier ; un concurrent inattendu que salue sans espoir l'attente anxieuse. Mais l'air s'emplit d'accents reconnus et plus divins ; de vieux Noëls, d'ataviques harmonies caressées par la réminiscence. Et l'élève du carillonneur trépassé, l'artiste-enfant que sa fière modestie avait empêché d'oser prétendre au poste sublime, s'y voit acclamé d'enthousiasme par la reconnaissance et par la foi.

N'est-ce pas un scénario de premier acte digne de mettre en œuvre les ressources d'un Wagner au second acte des *Maîtres Chanteurs*? — La voix d'airain déchue du sommet de la Tour, l'indignation publique dont la plainte monte à mesure de l'espérance déçue, l'apparition bafouée des prétendants évincés, la populaire anxiété croissante, son apaisement puis son extase sous le retour pacifiant des traditionnelles mélodies, autant de prétextes pittoresques. La suite ne l'est pas moins en son poignant développement. Le carillonneur s'éprend, sa passion hésite entre deux fiancées, parmi lesquelles, il choisit, bien entendu, celle qu'il doit le moins aimer. Et c'est le déroulement même de ce tragique poème, un peu monotone, conformément à toute œuvre de Rodenbach, à sa voix même, à cette *voix de violoncelle* que, parfois, il attribuait à d'autres, mais qui fut bien surtout la sienne, que le déroulement, au-dessus de la ville suggestionnée, des sonneries jetant aux quatre vents les tempêtes d'une âme. Ame en peine, rendue aux brises, dans le dernier soupir de suicidé qu'exhale Borluut pendu au battant de sa cloche. Dénôuement peut-être emprunté à une eau-forte de Rops. — Réminiscences...

Le lendemain, j'égrenai le Quai du *Rosaire,* je goûtai la Rue de *l'Hydromel,* le Quai *du Miroir* me refléta, le *Quai Vert* m'offrit des feuilles mortes. D'autres titres sont moins poétiques, mais non moins significatifs, nous le verrons tout à l'heure : Rue *Queue-de-Vache,* Rue *Puits-aux-Oies,* Place de *la Grue,* Porte des *Baudets,* Rue de *l'Ane-Aveugle.* Je négligeai ces troupeaux par préférence pour le visionnaire pânneau dans lequel Memling, en son émail fulgurant, a

vraiment pris au piège l'Apocalypse; et pour
un phénomène moins triomphal mais plus dé-
routant en un volet du même maître. Celui-ci,
au dire des guides et des inscriptions, figure
Sainte Hélène. C'est, en effet, une belle jeune
femme portant une croix, telle qu'on représente la mère de Constantin, sauf pourtant ce
détail qui a bien son poids, que le peintre en a
fait une femme à barbe. Je demande pardon
pour ce détail singulier dans un article à la
louange d'un ami défunt, mais c'est, la place
topographique d'élucider ce mystère, et il en
vaut la peine. Je ne crois pas qu'il ait été
signalé, bien qu'indéniable. C'est pourtant dans
l'histoire de l'art, et d'un tel artiste, un cas de
conscience, *et de menton,* qui ne doit pas plus
longtemps passer inaperçu. Je n'en ai pas cru
mes yeux; la loupe n'a fait que l'affirmer. Et
de loin, une photographie en témoigne encore :
un nombreux poil flave et plus que follet se
dore au menton de la sainte en le prolongeant,
comme aux têtes de Jésus ou de jeunes saints,
familières à cette école. Tout bien réfléchi, je
n'y vois d'autre explication qu'un repentir réap-
paru, une tête commencée pour celle d'un
bienheureux, que le caprice de l'artiste et les

nécessités de la composition, ont fait achever en celle d'une bienheureuse ; puis la couche de peinture un peu mince dont se voilait cette mutation de sexe, enlevée par le temps ou par un vernis, la barbiche reparaissant en partie au bas du visage de... Sainte Barbe ! En somme, un équivalent de ce cas noté par Pline, celui de cette jeune femme devenue homme *en sautant*, au dire du naturaliste. Quoi qu'il en soit, j'attire, et sérieusement l'attention de l'art universel sur ce fait singulier. Rodenbach, égayé, s'y serait intéressé, et il me faut, hélas ! m'excuser d'en entretenir son ombre.

Voici une visite, une vision plus près d'elle. J'ai dit sa prédilection des blancheurs ; une entre autres, la cristallisation du givre aux vitres. Il la comparait à des rideaux naturels en guipures fondantes et cet incessant rapport des tambours aux carreaux, et des dentelles aux cristaux lui faisait nouer des similitudes ténues. C'est qu'il y avait en lui un fond d'ancien artisan des Valenciennes et des binches. Les bobines de la dentellière de Vermeer s'agitaient dans son cerveau et son art s'ajourait en *points d'esprit* arachnéens et traditionnels. Chose étrange, une pareille dentelle semblait impri-

mée au fond de sa main. Le printemps dernier,
nous étions réunis dans un enclos sybillin,
quelques consultants de choix autour d'une contemporaine Le Normand, elle s'extasia, et nous,
avec elle, de la paume de Rodenbach ; on
eût dit une toile d'araignée, une de ces feuilles
dont les bombyx n'ont plus laissé que la trame.
Or, nous dit-il, telle était la main de son fils unique, dès le jour même de sa naissance. Cher
présage pour l'enfant qui survit, d'une confor-
mité d'art, d'avance fêtée. Celui de son père
s'était façonné aux fuseaux, et le premier conte
du *Musée des Béguines*, est une attendrissante
histoire de voile de mariée. Et c'est comme le
leitmotiv de ce livre, qui est son chef-d'œuvre
en prose, et dans lequel bourdonnent ces falotes
cloches de drap, depuis la vétilleuse folle qui se
couvre la tête d'un papier pour se préserver de
la poussière, jusqu'aux moniales friandes réunies autour d'un cruchon de liqueur abbatiale.
Mais, au bout de ces innocents caquetages de
vieilles pies, le blanc motif fenestral se poin-
çonne encore en l'illusion de cette sœur réveil-
lée au milieu de la nuit d'hiver, mystique fiancée qui croit voir dans les jeux de la lune et
des frimas à sa lucarne, l'apprêt pour elle, d'une

robe de mariée, et qui s'en vêt mystiquement
pour ses épousailles spirituelles. Candides leçons
apprises dans les musées locaux qui n'offraient
alors rien de tel que la collection de Gruu-
thuuse. Touchant et bien féminin legs d'une jeune
morte, Madame Augusta, Baronne Lieds, héri-
tage de lacis et de passements, de points coupés
et de fils tirés, dont les termes amusants et jolis,
troués, picots, engrelures, fonds de neige, va-
rient jusqu'à 34 *jours* dans un seul rideau de
tabernacle, et composent des barbes, des berthes, des rabbats de magistrats, voire la nappe
de première communion de Charles-Quint et le
couvre-pied de Jean-sans-Peur. Point Flamand,
père et rival du point Vénitien, auquel pourtant
demeure la gloire d'avoir tramé une collerette
en cheveux blancs pour le couronnement de
Louis XIV, et d'avoir procréé des traités étique-
tés comme il suit : *Le bon exemple du désir
louable qu'ont les dames d'une grande adresse
à préparer les points ouvragés en feuillages,*
par **Pagan Math** ; *Recueil de belles broderies
dans lequel une rare adresse, soit d'homme, soit
de femme pourra s'exercer dignement avec l'ai-
guille,* par **Loppino** ; *Très belle manière de tenir
ses jeunes filles occupées* par **Jean Ostaus**, etc...

Certes, Rodenbach était mon guide invisible, mais en tout sensible et omniprésent durant ce parcours ; néanmoins, j'en voulus préciser la conduite de quelques-uns de ces boniments mystiquement tendres qui font de lui comme un quiétiste, dont *les Torrents* s'appelleraient les Canaux. C'est alors que je me trouvai une fois de plus, mais dans des conditions qui en renouvelaient la niaiserie et le crime, en face de l'iniquité, laquelle entre toutes m'exalte : le poète qui, moi, après tant d'autres, nous avait amenés là, le résurrecteur, sous couleur mortuaire, de la ville ingrate, Rodenbach y était volontairement ignoré, rageusement passé sous silence. Le Royaume du Silence se vengeait ainsi du *Règne du Silence*. Certain guide local m'en offrit sérieusement les plus drôlatiques preuves, avec des passages dans ce goût : « Les plus prévenus pourront ici se convaincre que les exigences du commerce moderne s'harmonisent bien facilement avec celles du style de nos vieilles constructions ; d'autres exemples de cette vérité banale, mais souvent contestée, nous seront donnés dans le cours de nos promenades » ; et la subdivision de sa table en quartiers *animés* et quartiers *silencieux !* « Aussi, est-ce bien dans ces parages, maugrée ce Brugeois vivant, qu'a dû naître l'obsédante légende que Bruges est une ville bien plus morte que toute autre ville déchue : qu'il n'y a plus trace de commerce et d'industrie ; qu'un tiers de la population tend la main à la bienfaisance publique et que le chiffre des habitants diminue annuellement d'une manière inquiétante. Et pourtant la vérité est que Bruges montre autant de vie que n'importe quelle localité de même importance ; qu'elle fait concurrence à Gand pour la culture des fleurs et des plantes d'ornement ; que les transactions commerciales s'y chiffrent par un nombre respectable de millions ; que les traites protestées y sont bien rares, comparativement à ce qui se constate pour de plus grands centres d'activité ; qu'un habitant sur sept seulement a besoin de recourir aux administrateurs de la bienfaisance, *que le chiffre de la population augmente normalement au lieu de diminuer...* » on voit que, pour un peu, le Brugeois vivant offrirait de fournir des preuves.

J'eus la fortune, peu de semaines après, de révéler à Rodenbach ce texte épique, et nous passâmes quelques joyeux instants à nous ébaudir de la bourde. Je lui parlai de mon désir, selon qu'il lui agréerait, de faire allusion, en un prochain Essai, à cette attitude de sa ville. Une flamme nostalgique irisa son regard. Un instant, pensif, il répliqua : « Ce que vous ferez sera bien fait. » Je ne le revis plus. Dernière visite ! La première, j'y veux revenir. C'était au printemps de 94. Je venais de faire imprimer mon premier volume, et de brèves strophes de moi, marquetées ailleurs, m'avaient valu sa prédilection artiste. Je connaissais moins son œuvre que son nom. Un matin, on me l'annonça. Il venait de la part de mon grand ami Alfred Stevens, pour me parler d'un article qu'il voulait écrire : il passa chez moi une bonne partie de l'après-midi, et me laissa charmé, moins de son élogieuse démarche, que d'une cordialité raffinée.

Certes, je lui garde un souvenir reconnaissant pour m'être venu trouver avec une avenante confraternité, pour avoir le premier parlé de mes travaux avec sympathie, réagissant avec grâce et avec force contre ce texte plein de frisson : « N'espérez pas qu'on souffle mot spontanément... On regarde, on se tait et, si l'on peut, on empêche de voir. » Nous devînmes amis et nous revîmes souvent à Versailles et à

Paris. Deux dernières entrevues furent les suivantes : il n'y a pas deux mois, je revenais de
Versailles, je le rencontrai Place du Hâvre ;
affectueusement il me querella pour l'envoi
retardé d'un livre. Nous marchâmes ensemble
plus d'une heure de causerie animée et joyeuse.
Je lui adressai le volume. Quelques jours après,
il accourut, pourquoi ne m'en parerais-je point ?
me traduire avec effusion un flatteur plaisir de
lecture. Et ce me fut une vive douceur de
retrouver ému d'une œuvre mienne, leur premier panégyriste. Il me quitta sur cette assu-
rance spontanée, entre de touchantes cordialités,
de son désir d'étendre pour le publier bientôt
en volume, l'article de naguère. Il y a de cela
quelques semaines. Il est mort et me voici à
rythmer les soupirs de sa nénie.

Une commune passion nous avait liés : celle
de la Muse qu'il appelait : notre Mère Marceline. Il la ressentait d'un cœur subtil, m'en parlait et écrivit souvent. J'ai cité dans les « Autels
privilégiés » la ravissante lettre qu'il m'adressa
pour excuser son absence à nos fêtes de Douai.

Il y avait entre ces deux esprits, deux affinités
essentielles : *l'amour de l'eau,* que Victor
Hugo proclame distinctif des poètes, et bien

particulièrement sensible en ces deux-ci, avec plus de gazouillement en Marceline, plus de stagnation en Georges. Puis le goût du silence. J'ai cité dans mon Florilège de Desbordes-Valmore les beaux vers qu'il lui inspira. Rodenbach l'a proclamé Roi. Là expire l'analogie..

« Il semble que les fleurs alimentent ma vie »,

s'écriait-elle. Lui, les ignorait, même dans une proportion qui semble difficilement compatible avec la pòésie : les fleurs du givre et celles des dentelles qu'il leur assimilait, suffisaient à sa Muse. Je me souviens d'un déjeuner au Clos-Saint-Blaise[1] où la conversation botaniste roula sur un tapis de fleurs. Nos hôtes y excellaient; un regretté convive, Magnard, était rosiériste passionné; la documentation d'un poème floral m'a donné quelque floriculture. Rodenbach resta silencieux, puis finit par nous avouer qu'il distinguait mal les roses des lis, et tout juste pour les nécessités du vers.

Je revis Rodenbach à Valvins, vêtu d'un veston de drap grenat, dans un pique-nique orga-

1. Chez Mirbeau.

nisé autour de Mallarmé qui s'était levé matin pour balayer la forêt. Journée aimable. Deux soirées lui font encore pendant. La première, en une maison du bois. Anna de Noailles récita de ses vers, dont le poète fut ému. Lui-même dit, et fort exceptionnellement, une de ses poésies. Quelques soirs plus tard, ce fut un dîner chez la Duchesse de Rohan qui nous réunit. J'ai le souvenir heureux d'avoir fait fête au chanteur regretté en égrenant quelques-uns de ses vers mystérieux, aujourd'hui oraculaires, sur les miroirs « telles des eaux captives, dans les chambres » :

« Et leur mélancolie a pour causes lointaines
Tant de visages doux fanés dans ces fontaines

. . . . , .

Et l'on croit se penchant sur leur claire surface
Retrouver leurs fronts morts demeurés sous la glace. »

J'ai dit ailleurs le doux sonnet que Verlaine a écrit pour Madame de Rohan, à l'instigation d'une personne qui m'était bien chère. Voici celui, pareillement inédit et pareillement sollicité, où Rodenbach fait se prolonger l'écho de ce qu'il n'entendra plus.

Soir chez vous, si charmant inoubliablement !
La table était servie au jardin ; les bougies
S'ouvraient comme des fleurs aux brises rafraîchies
Des étoiles naissaient parmi le firmament.

Un jet d'eau retombait en gerbes élargies
Et chuchotait comme l'amante avec l'amant ;
Vous, Duchesse, dans ce nocturne enchantement,
Vous avez récité de nobles élégies.

Ah ! comme ils palpitaient les grands vers de Musset !
Et votre voix, comme un clavier, les nuançait,
Et vous étiez la harpe où se prenaient ces aigles.

La pendule sonna, mêlée à votre voix
(Pendule qui sonnait les heures, sous les rois...)
— Et votre voix, comme elle, était pleine de siècles.

Mais il ne s'agit là que d'un madrigal intéressant à citer pour sa nouveauté, et je ne veux pas achever cette étude sans donner à ceux qui pourraient l'ignorer, de celui qui en est l'objet, un exemple plus typique et plus accompli d'une manière inimitable.

BÉGUINAGE FLAMAND

Cependant, quand le soir douloureux est défunt,
La cloche lentement les appelle à complies
Comme si leur prière était le seul parfum
Qui peut consoler Dieu dans ses mélancolies!
Tout est doux, tout est calme au milieu de l'enclos;
Aux offices du soir, la cloche les exhorte
Et chacune s'y rend, mains jointes, les yeux clos,
Avec des glissements de cygne dans l'eau morte.
Elles mettent un voile à longs plis; le secret
De leur âme s'épanche à la lueur des cierges;
Et quand passe un vieux prêtre en étole, on croirait
Voir le Seigneur marcher dans un jardin de Vierges!
Et l'élan de l'extase est si contagieux,
Et le cœur à prier si bien se tranquillise
Que plus d'une pendant les soirs religieux,
L'été, répète encore les *Ave* de l'église;
Debout à sa fenêtre, ouverte au vent joyeux
Plus d'une, sans ôter sa cornette et ses voiles,
Bien avant dans la nuit, égrène avec ses yeux
Le rosaire aux grains d'or des priantes étoiles!

J'attirerai encore l'attention sur le pénétrant
dénûment dont il sature, par l'emploi expressif
qu'il en fait, l'indigente sonorité du mot *pauvre,*

que j'ai retrouvé, dans cette exceptionnelle
acception, chez de ses élèves distingués ; un
honneur d'en avoir formé sans l'avoir voulu,
un lustre aussi de l'avoir été. C'est ainsi que
la lampe *guérit la chambre* « de la pauvreté
d'être obscure » ; que les réverbères grelottants
et exposés aux intempéries sont des *pauvres*
parmi les luminaires ; que « la nuit est seule,
comme un *pauvre* ». L'opposé de ce minable
adjectif serait, dans cette prosodie, le mot
dimanche, qui, lui, la tiédit d'une paisible joie.
Le verbe *pleuviner* appartient bien en propre à
Rodenbach, et contient toutes les fines et grises
aiguilles de pluie dont le ciel du Nord se coud à
son reflet dans le canal.

Je citerai encore, du pénétrant petit roman *La
Vocation,* le détail maternellement féminin d'un
coussin qu'une dame avait fait remplir de la
tonte blonde et bouclée de son enfant grandi, et
qui lui chuchotait à l'oreille quand elle y repo-
sait la tête, les souvenirs dorés de sa vie. Cette
mère dut être celle même de Rodenbach. J'ai
vu d'elle, chez feu notre ami, un portrait, du
reste sans autre intérêt que cette histoire qu'il
me conta : un peintre logé vis-à-vis fit, d'après
la jeune femme à sa fenêtre, posant ainsi pério-

diquement à son insu, ce portrait qui fut retrouvé et racheté dans la suite.

La dernière poésie de Rodenbach, publiée dans
le numéro de Noël de l'*Illustration*, est conforme
au double sens de l'antique mot *vates*, qui faisait du poète et du devin une confusion bien
inspirée.

C'est sa propre nénie préventive entonnée par
lui-même. Son inspiration, volontiers funéraire,
épanchée en psalmodie dans ses récents poèmes,
s'accentue en ce chant funèbre. Intitulé : *La
Veillée du dernier jour de l'an*, c'est en réalité
la veillée mortuaire du poète. Et, comme pour en
préciser la signification, une blanche et noire
ornementation fait flamboyer aux deux côtés de
ces vers, des torchères de catafalque. Quelques
strophes de moi s'ornementaient dans le même
temps en un autre numéro de Noël. Ce fut
notre dernière confraternité, une collaboration
presque.

Un commentaire sur le carillon de Bruges
égrenait sa finale volée autour de cette suprême
élégie de Rodenbach ; mais combien moins élo-
quemment qu'il ne l'a fait lui-même dans une
publication, ou réimpression plutôt, en ce récent
Septembre :

« Ah ! ces quais de Bruges, calmes comme les avenues d'un cimetière? Et, tout au long, les canaux d'une eau morte qui sont eux-mêmes des chemins de silence!... On dirait que dans chaque maison il y a un mort. Et cela fait qu'on parle bas, qu'on ose parler à peine le long de ces quais mortuaires. Mais on a cependant la sensation d'une mort douce. Une mort sans souffrance et inévitable, une mort calme après une vie glorieuse, le glissement de la vieillesse à la mort, sans secousse, comme on s'endort. O douce mort de la ville ! C'est Bruges qui est morte. Et c'est pour elle que toutes les cloches là-bas tintent ! sonneries pieuses plutôt qu'affligeantes. C'est moins des glas qu'un effeuillement de sons, une pluie de fleurs — des fleurs de fer, répandues sur un cercueil !

Et voici venir, au long des quais, comme des pleureuses, comme les servantes de la Mort, des femmes du peuple dans leurs mantes noires, ces manteaux à plis raides, avec un capuchon qui s'évase en forme de bénitier. Elles y marchent ensevelies. Silhouettes à peine humaines ! Ce sont des cloches plutôt, cloches de drap, noires aussi, et on croit, au lointain, entendre agoniser leur marche comme un glas.

Les cloches des églises s'en mêlent. Est-ce l'heure des obsèques ?... La ville est morte décidément! La ville est morte ! Et pour accroître le cortège, voilà les cygnes des canaux qui arrivent processionnellement, et se rangent. Ils ont leur robe blanche de premières communiantes. Ils s'acheminent d'un mouvement parallèle aux béguines qui s'avancent au long des quais. Et les cygnes, en nageant, ne déplacent qu'à peine un peu d'eau. Et les Béguines, en marchant, ne déplacent qu'à peine un peu de silence.

Cortège calme, enterrement très triste et très doux en

même temps... Est-ce une morte réelle ou des reliques qu'on accompagne ? Est-ce un cercueil ou la Châsse peinte par Memling dans laquelle il n'y a qu'un peu de la poussière d'une sainte ? Cela va-t-il durer longtemps ainsi, jusqu'au soir ou jusqu'à la fin des siècles peut-être ?

On rêve, on ne sait plus ni l'heure, ni le lieu. On s'éparpille dans les cloches, au fil de l'eau... On oublie tout, on s'oublie soi-même... On est déjà comme dans l'Éternité. Or soudain, l'inexorable bourdon du beffroi s'entend, et ses sons vastes tombent, comme pour combler le silence, à la façon des pelletées qui comblent une fosse. »

J'ai cité ce morceau parce qu'il est typique de ce qu'on pourra désormais dénommer la manière auto-funéraire de ce poète qui a passé sa vie à célébrer son propre enterrement, sous forme de l'obit de sa ville. Relisez la pièce dans laquelle il lui tâte le pouls, avec son funèbre refrain :

« La ville est-elle plus malade,
Ce soir ?

. . . . .

Le vent a l'air de plaindre,
Quelqu'un qui ne guérira plus.

. . . . .

Sans doute que la ville empire,
Ce soir ?

. . . . .

Qu'est-ce qui va mourir ?

. . . . .

Il se peut que la ville meure,
Ce soir...... »

Et l'assimilation, l'amalgame des deux cor-
tèges s'accomplit dans ces harmonieux et
larmoyants distiques :

« Quelque chose de moi dans les villes du Nord,
Quelque chose survit de plus fort que la Mort.
. . . . .
Et tandis que le vent s'exténue en reproches
Quelque chose de moi meurt,déjà dans les cloches.
. . . . .
Une surtout, la plus triste des villes grises
Murmure dans l'absence : « Ah ! mon âme se brise ! »

Murmure avec sa voix d'agonie : « Aimez-moi ! »
Et je réponds : « J'ai peur de l'ombre du beffroi.

J'ai peur de l'ombre encor de la tour sur ma vie
Où le cadran est un soleil qu'on crucifie.

La voix reprend avec tendresse, avec émoi :
« Revenez-moi ! aimez mes cloches ! aimez-moi ! »

Et je réplique : « Non ! les cloches que j'écoute
Sont les gouttes d'un goupillon pour une absoute ! »

La voix s'obstine encor plus tendre : « Aime mes eaux !
Remets ta bouche à la flûte de mes roseaux ! »

Mais je réponds : « Non ! les roseaux dont l'eau s'encombre
Sont des flûtes de mort où ne chante que l'ombre ! »

Le poète avait beau continuer d'intervertir les
mots de son funéraire couplet : « D'amour
mourir me font, belle dame, vos beaux yeux... »
la ville contemporaine voulait être célébrée pour
ses quartiers « les plus animés ». Et piqué au
jeu, puis au vif, le troubadour des canaux ne
leur roucoulait plus, pour madrigaux que de
renaissantes nénies. Elles sont devenues les
siennes propres. Le malentendu allait s'aigris-
sant. Il se scelle dans la mort.

Il s'effritera, et le dernier grain de poussière
de son incompréhension, rencontrera quelque
jour, sur le chemin de Paris à Bruges, la trans-
lation des cendres de Rodenbach. Le glorieux
et plus clairvoyant avenir doit ce dédommagement à son défunt chanteur exilé, au nostalgique
Ovide de Bruges.

Il a droit à une expiation. Qu'elle soit la
même que celle de Lanchals, l'innocent chevalier
Brugeois iniquement décapité en 1488, par ses

concitoyens. Trop tard, toujours, la ville repentante vota piaculairement une commémoration permanente, et sut du moins la choisir avec grâce et avec goût, l'accomplir avec fidélité. Comme les armoiries de ce Lanchals, dont le nom signifie *long col*, étaient figurées par un cygne, on chargea bon nombre de ces oiseaux d'éterniser parmi les canaux Brugeois, le blanc remords, à l'égard de son fils victimé, de la cité marâtre. Venise aussi, en mémoire d'un innocent égorgé, allume tous les soirs, au chevet de Saint-Marc, une lumière réparatrice. Mais écoutez Hello sur ce propos de l'injustice : « La terre ne savait pas ces choses ; *et si c'était à recommencer, elle ne les saurait pas mieux aujourd'hui. Elle les ignorerait de la même ignorance, elle les mépriserait du même mépris si on la forçait à les regarder.* »

Oui, que Venise dont un prêtre, chaque vesprée, attise sa lampe en dédommagement de ce forfait, trouve une fois encore un enfant jouant avec un couteau ensanglanté auprès d'une femme assassinée ; il décollera encore l'innocent et, seuls, les ruisseaux de ses nouveaux pleurs reconnaîtront les traces usées de ceux que lui arrachent encore aujourd'hui son ancien crime.

La Porte des Baudets n'est pas près de se fermer, ni le Puits-aux-Oies près de se combler,
non plus que la Rue de l'Ane-Aveugle, près de
s'éclairer en matière de malentendu civique.
Bruges pleurant son ancienne grandeur se l'est
vue restituer dans le chant d'un poète. Elle lui
aurait volontiers demandé d'employer son génie
à paraphraser ce vers fâcheux du divin Vigny :

« Béni soit le commerce au hardi caducée ! »

Elle alimente pieusement les cygnes expiatoires
du chef tranché de Lanchals, mais ne voit pas sa
propre brume se concréter au-dessus des eaux
en la pleurante image de cette jeune fille qui tient
en ses mains la tête souriante d'un autre Lanchals, d'un autre Brugeois, de Georges Rodenbach, le local Orphée.

Quant à nous, jouissons amèrement pour lui
et pour nous, de cette nouvelle et saisissante
forme de l'incompréhension familiale, qui n'a eu
pour donner aux pierres de Bruges, des cœurs
de parents, qu'à leur laisser leurs cœurs de
de pierres !

II

TRIPTYQUE DE FRANCE

AU DELA DES FORMES

« Là finit notre art sur la terre. »
BALZAC.

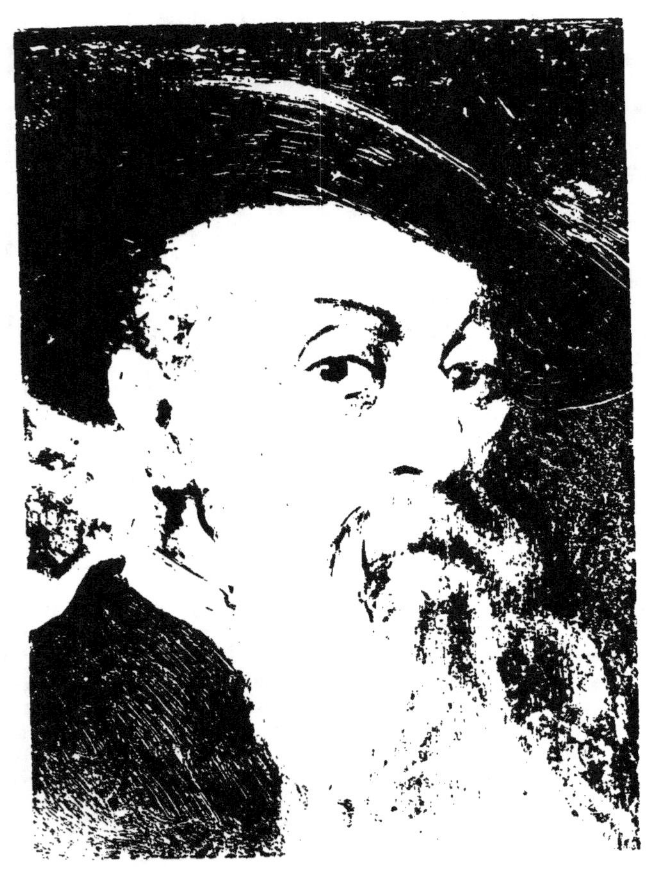

Adolphe MONTICELLI

1824-1886

I

Le Broyeur de Fleurs.

Adolphe Monticelli

On s'étonne parfois du peu de détails que laissent flotter à la surface d'un souvenir, même assez peu distant, certaines existences de nobles artistes. Ce n'est pourtant qu'une conséquence naturelle de cette injustice envers les vivants, signalée et définie magistralement par Hello. Appliqués à noter les particularités de l'existence de ceux, parmi leurs contemporains, qui leur semblent marquants, les commentateurs n'ont, le plus souvent, rien à nous fournir sur les véritables grands hommes.

Il y a de l'Épiphanie dans l'apparition du génie sur la terre. C'est un peu de divin sous une apparence humaine. Mais la lumière consume son foyer, et quand, ressuscité de ses cendres, le phénix est remonté au ciel, à peine quelques grains d'ombre, au-dessous de beaucoup de clarté, demeurent pour attester de ce météorique passage. C'est alors que de pieux et naïfs croyants s'obstinent à retrouver des vestiges. La pierre du sépulcre a été soulevée... des linges traînent à terre... le linceul est replié... est-ce un dieu, est-ce un jardinier, ce revenant en chapeau de paille ? Alors Damis, l'évangéliste d'Apollonius, s'offre à vous fournir cent preuves de son messie. Mais l'évangéliste du Fils de Dieu se contente de conclure sur le propos de son Christ : « Il y a encore beaucoup d'autres choses qu'il a faites ; et si on les rapportait en détail, je ne crois pas que le monde même pût contenir les livres qu'on en écrirait. »

J'ai consacré à deux artistes Flamands, un peintre et un poète, le précédent diptyque. Je veux aujourd'hui dédier le présent triptyque à trois artistes Français encore assez proches de nous, et mieux rapprochés dans le temps, par l'emploi de leurs facultés apparentées et par une environnante incompréhension, cette fois, partiellement justifiée.

Le premier d'entre eux est Monticelli, le peintre Marseillais, bien particulièrement assujetti, quoique récemment décédé, à un tel mys-

tère posthume. C'est que, un de nos maîtres l'a
écrit avec autorité, à propos de l'impersonnalité
qu'il exigeait justement dans l'œuvre du roman-
cier : « Monsieur Gustave Flaubert n'intéresse
personne. » L'amas d'anecdotes qui foisonnent,
monotones ou diversifiées, autour de l'existence
de chacun, n'est pas toujours en rapport direct
et révélateur avec les qualités créatrices. Ceux
qu'elles retiennent sont de funéraires indiscrets,
l'oreille collée à la porte même des tombeaux
pour surprendre un secret encore vital, le fan-
tôme d'un bruit, le murmure d'une ombre.
L'histoire et la légende confondues, dans le
mémorial de Monticelli, y sont si avares et si
restreintes que, satisfaire dans la mesure du
possible au goût de tels curieux ne sera s'ex-
poser qu'à une digression de peu de durée.

Né à Marseille en 1834, il y mourut en 1886.
Sa famille, originaire d'Italie, descendait, dit-on,
des ducs de Spolète. Une lignée plus mystique,
et qu'il me plairait fort d'être, comme je crois,
le premier à indiquer, c'est celle qui ne peut
manquer de faire cousiner notre peintre avec ce
doux frère Pierre de Monticelli dont il est question au chapitre XIII des *Fioretti* de Saint François
d'Assise, et qui « fut élevé corporellement au-

dessus de terre, à la hauteur de cinq ou six brasses, jusqu'au pied du crucifix de l'église dans laquelle il priait ». C'est encore ce religieux qui s'entretint avec Saint Michel, lequel lui promit la grâce qu'il souhaitait « et plusieurs autres encore ». Nul doute que, parmi ces grâces sous-entendues, l'archange n'ait accordé au saint celle de compter un arrière-neveu qui s'élevât spirituellement à la hauteur de cinq ou six brasses au-dessus du niveau des peintres. Quoi qu'il en soit, notre Monticelli fut, à Marseille, l'élève d'Aubert, dont on sait que ce fut aussi le maître du distingué portraitiste Ricard, titre vénérable. Il fit, en 1846 et vers 1856, deux séjours à Paris — dont le second ne dura pas moins de dix ans — au cours desquels il connut et admira Diaz, s'initia aux œuvres de Delacroix et des grands contemporains, qu'il imita moins qu'ils ne le révélèrent à lui-même. En 1870, il revint de Paris, à pied, dans sa ville natale, et pour toujours. Il eut, de Gautier, le goût des vêtements somptueux et romantiques, auxquels il joignit, un temps du moins, de les porter avec une recherche digne de Baudelaire. Il aima idéalement l'Impératrice Eugénie, dont le type fournit à beaucoup de ses tableaux.

Ce fut un bel et bon vivant, parent cordial,
ami éprouvé, artiste idéal et sensuel, goûtant
fort la bouillabaisse, dont il ne fut pas sans appliquer les procédés à nombre de ses toiles. Il
en produisit plusieurs milliers, quelquefois jusqu'à trois par jour, ne leur demandant, outre la
jouissance qu'il éprouvait à exercer son art et
certaines recherches de métier, de toilette et de
cuisine, que les sommes nécessaires à l'achat de
cette couleur, qu'il proclamait belle mais coû-
teuse, et dont l'emploi, en certaines de ses
œuvres, les assimile, plutôt qu'à des tableaux, à
des bas, voire des hauts-reliefs : des chaînes de
montagnes, le Mont-Blanc, l'Himalaya, écrivent
ses naïfs chroniqueurs. Vers la fin de la journée,
le travail accompli, l'ébauche de quelques visions,
la saisie de deux ou trois rêves, il sortait pour
leur trouver chaland, et en réjouir le premier
venu qui l'accostait, lequel, en échange de peu
de francs, savait s'approprier cette féerie. Un
détail, que je tiens de tradition orale : un clou
planté dans le châssis, ou dans le panneau même,
permettait au peintre de promener ainsi sans
dommage, à travers les allées et jusqu'à la rencontre d'un client ou la fin de sa course, ces
tableaux frais peints et chargés de couleurs.

Or, c'est la trace de cette pointe qui aide aujour-
d'hui à discerner les Monticelli véritables. Assez
naïve prétention de la part des soi-disant connaisseurs, depuis qu'on a découvert une industrie qui consiste à tirer dans des meubles pseudo-
anciens des décharges de petit plomb, pour
imiter les trous des vers ! Le trou du clou, révélateur des œuvres authentiques du maître Marseillais, ne procréera-t-il pas de nouvelles écoles...
de carabine ? — Quoi qu'il en soit, les plus ai-
mables parmi les amateurs de cette peinture peu
commune ne demeureront-ils pas sa première
et « principale clientèle » au dire poétique de
Paul Arène, « les pêcheurs du quartier Saint-
Jean qui, avec un vague et touchant instinct
d'art, sans avoir besoin de comprendre le sujet,
un peu aussi par sympathie pour ce brave artiste, « peuple » comme eux, aiment suspendre
aux murs sombres de leur logis, entre une
rame et une palangre, ces petits carrés éblouissants, dont l'harmonieux éclat leur rappelle les
grandes clartés du large, les pourpres du ciel au
couchant, les phosphorescences de la mer » ?
Ailleurs, les *petits carrés éblouissants* luttent
contre un climat fuligineux, triomphent des
spleenétiques brumes : « Il advint, écrit Mon-

sieur Émile Bergerat, que, dans une petite ville d'Écosse, houillère et charbonnière, où la vie est morte et le ciel fumeux, l'aristocratie minière s'éprit jusqu'à la manie des visions troubles et charmantes du Turner français. Chacun voulut avoir l'une de ses pièces, afin de l'éclairer, le soir, au réflecteur mobile, et de rêver devant elle en fumant des cigares, comme on joue au kaléidoscope. Ensuite l'Amérique s'enchanta, et des caisses de Monticellis traversèrent les mers. »

La presse locale, parcourue en des collections datant de loin, ne me fournit sur le compte de Monticelli qu'une maigre contribution monotone et ressassée. Les termes en sont peu nombreux, sinon peu caractéristiques. L'amour-propre de clocher s'en gonfle sinon avec exagération, du moins en un trouble discernement, qui se targue d'un prix, se hérisse d'une anecdote, l'un comme l'autre assez peu renouvelés. Un tableau du peintre, acheté 5,000 francs par Napoléon III, à Vichy, disparaît dans l'incendie des Tuileries. Une peinture de Monticelli atteint, à l'ébahissement général, le prix de 8,500 francs à la vente Burty, en 1891. Le prix de 25,000 francs est mis en avant par d'autres chroniqueurs, mais pour deux tableaux qu'ils ne précisent pas; et l'as-

sertion peut bien être erronée. En revanche, le
seul que le Musée de Marseille daigne accueillir
est de ceux que l'artiste vendait quinze francs à
sa clientèle des Allées.

Monticelli aimait la musique jusqu'au délire.
Sa palette comportait vingt-sept couleurs. Tout
lui était bon pour la distribuer sur la toile, fût-ce
le tuyau de sa pipe. Mais une science profonde
des réactions et de toute la chimie de son art le
rendait maître de ses effets, jusqu'à des conclusions presque magiques. C'est un fait presque
avéré, bien que démenti par plusieurs, que certain paon, aujourd'hui plus que visible, admirable, dans un tableau de la collection Samat,
faisait totalement défaut lors de la livraison de
la toile par son auteur, qui cependant s'était
engagé à y faire figurer cet oiseau. « Non seulement il y est, mais il est très beau, avait affirmé
Monticelli, et il sortira. » Et le paon est sorti,
désormais radieux et immarcescible. Le même
trait nous est rapporté au sujet d'un vase, puis
des yeux d'un portrait d'enfant, qui de noirs
sont devenus bleus, se conformant, après coup,
à la ressemblance.

La même sécurité qui lui faisait d'avance
certifier de tels résultats aux incrédules spec-

tateurs, qui s'en convainquaient ensuite, induisait notre homme à une philosophie, sans doute non moins méprisante que résignée, à l'égard des critiques de ses œuvres. « En l'accrochant dans un autre sens, elle fera peut-être meilleur effet », disait-il en ses jours de complaisance. Mais, pour de moins incompréhensifs amateurs, il ajoutait cette phrase que je cite dans son incorrection caractéristique : « Delacroix a peint pour vingt ans après lui. Moi, je peins pour dans cinquante ans. Il faudra ce temps-là pour qu'on apprenne à voir ma peinture. »

Mais il reprenait vite sa bonhomie accommodante et sa bonne humeur. Certain jour qu'une servante s'était assise sur un panneau fraîchement terminé, il accepta en riant cette étrange collaboration, et se mit à reprendre l'ouvrage, sur ce propos rassurant adressé à la délinquante confuse : « Ça ne fait rien, dit-il, *au contraire !* »

Ces termes banaux et baroques, agencés par la chronique du terroir, sans beaucoup plus de diversité que le renversement par lequel Monsieur Jourdain modifiait sa prose, constituent les thèmes de la légende de Monticelli. J'en dirai maintenant les variations plus ingénieuses, non pourtant avant d'avoir cité cette phrase recueillie dans un journal de Marseille, parce qu'elle nous donne des premières, à propos d'une toile de Monticelli, le ton de certaines notations, que nous verrons mieux orchestrées : « Le motif en est un sous-bois, dans lequel se jouent des femmes richement vêtues. Une irradiation de lumière se joue à travers la feuillée, troue la pénombre du bois, se traîne sur le sol, enveloppe les personnages et les fait saillir de la toile dans un relief illuminé. »

Trois articles parus dans des journaux Parisiens les exécutent d'un art plus renseigné et plus savant, d'une vibration plus claire. Le premier, daté des premiers jours du mois de mars 1881, est signé Émile Blémont, et traite de la vente Burty qui venait de s'accomplir. Je citerai deux importants fragments de cet article, parce qu'ils m'ont paru des mieux venus, parmi les commentaires, d'ailleurs assez rares, inspirés par Monticelli. Ceux-ci résument excellemment deux aspects de notre modèle. Le premier, qui a trait à sa mystérieuse réputation, contient aussi de lui un portrait qui semble véridique : « Une des dernières passions de Burty fut pour les tableaux de Monticelli. Il en

avait, avec délices, découvert et acquis de très
beaux, et leur avait donné une place d'honneur
dans son salon. Il ne se lassait pas de les
signaler à ses visiteurs. D'abord, son intérêt
pour ces œuvres, si étrangement captivantes,
se compliquait du mystère qui planait sur
leur auteur. — Quel était ce Monticelli? Nul
ne pouvait donner sur lui les moindres renseignements. Les quelques poètes qui partageaient
à son égard les sentiments de Burty firent une
enquête. L'enquête resta infructueuse.

« On le crut mort. Ses admirateurs en devin-
rent plus fanatiques. Les spéculateurs ouvrirent
l'œil. — La production était arrêtée. L'œuvre
ne devait plus s'augmenter. L'artiste avait disparu. C'était fini. Ce qu'il avait signé atteindrait
certainement une très haute valeur vénale, au
moment de la tardive justice rendue au génie. —
Malgré ces considérations alléchantes, on tentait
rarement l'aventure. Et, juste au moment où l'on
commençait à prendre confiance, on apprit que
Monticelli existait en personne.

« Monticelli n'était pas mort ! Monticelli
n'était pas une chimère ? Il vivait là-bas, à
Marseille, dans son coin, sans prétention, sans
gloire, parfaitement insoucieux, travaillant

pour vivre, presque totalement inconnu, résigné
à sa clientèle obscure et hasardeuse, vieux, mais
toujours vert, la peau tannée, le poil blanchis-
sant, l'œil visionnaire, l'air pauvre et supérieur,
le geste distrait et familier. Il faisait deux,
trois tableaux par jour, avec une verve endia-
blée ; et quand il n'avait plus le sou, il courait
les cafés, ses toiles et ses panneaux sous le bras
et à la main, pour les offrir aux consommateurs propices. Il acceptait bonnement le peu
qu'on lui en offrait, dix francs, cinq francs,
parfois moins, et retournait dans son grenier
plein de ciel et de soleil, se griser de lumière et
de mirages. — Ziem le connaissait, déjeunait
avec lui lorsqu'il passait à Marseille, et le
traitait comme un camarade. Paul Arène, Clovis
Hugues le virent, causèrent avec lui, nous con-
tèrent son histoire. Raoul Gineste le visita à
plusieurs reprises, et publia sur lui une excellente étude, avec illustrations à l'appui.

« Malgré le grand nombre et le bas prix de
ses compositions nouvelles à Marseille, la valeur
de ses tableaux ne baissa pas à Paris. Dans sa
dernière manière, en effet, ses qualités de coloriste étaient exaltées en taches éclatantes et
miroitantes qui, de sa moindre esquisse, fai-

saient un feu d'artifice, très réjouissant pour les fanatiques, mais inquiétant pour les sages.

« Et enfin, il mourut réellement. »

L'autre fragment a trait à l'œuvre même de Monticelli, dont il nous donne une transposition assez approchante, et non sans saveur :

« Il nous promène dans le monde enchanté de Boccace et de Shakespeare. Ici, c'est le *Décaméron*. Là, c'est le *Songe d'une nuit d'été*. Il est le poète de la lumière. — Comme on l'a dit pour Diaz : « Il ne montre pas un arbre ou une figure, mais l'effet du soleil sur cette figure ou sur cet arbre. » Il a « ce style de fête » dont parle Carlyle. Il est pétri de clarté Provençale, comme Rembrandt de clarté Flamande. Et, comme Rembrandt dans son moulin, il s'est formé tout seul dans sa bastide Marseillaise.

« Sans effort, en se laissant naïvement aller à son imagination, il évoque des féeries adorables, où il réunit, en des décors et sous des costumes d'éternelle beauté, les déesses et les demi-déesses de tous les âges et de toutes les patries, les Dalila et les Calypso, les Hélène et les Judith, les Fiammetta et les Rosalinde, les Ève et les Béatrice, les courtisanes de Corinthe et les marquises de la Régence.

« Il a reconquis pour nous ce suave et chimé-
rique domaine de Watteau, où fleurit l'élégance
d'une vie surnaturelle ». Il en a « renouvelé la
grâce ». Il y a retrouvé « le sourire de la ligne,
l'âme de la forme, la cadence des gestes », en
des bosquets d'apothéose, en des bois baignés
d'un clair de lune bleu, en de magiques campa-
gnes pleines de vibrations musicales et de péné-
trants parfums, en -des fêtes galantes d'une
volupté suprêmement mélancolique. — Mais j'en
avertis les gens positifs, il faut être un peu poète
pour sentir la poésie un peu folle de ces personnages lyriques et de ces chimériques paysages.
Il faut avoir en soi de quoi éclairer cette lan-
terne magique. Alors seulement un tableau de
Monticelli, avec toutes ses imperfections, toutes
ses défaillances, est aux regards et à la pensée,
suivant l'expression du poète, *une joie pour
toujours.* »

Un article de Paul Arène, paru dans le même
mois, et dont j'ai plus haut détaché une phrase,
ne fait que varier les mêmes motifs sur un ton
plus badin.

Quatre ans plus tard, une chronique de
Caliban retient le thème et le renouvelle. Il
s'agissait de l'achat, projeté pour le Louvre, d'un

Turner contesté. Bergerat en prit spirituellement texte pour exalter celui qu'il appela judicieusement le *Turner Français*, et qui se
trouvait être Monticelli, « plus original que
l'autre, mais de quelques degrés encore plus
fou de la couleur, plus malade de la lumière et
plus puissant visionnaire. »

Rapprochez ce portrait du précédent :

« La guerre de 1870 terminée, on voyait à
Marseille, dans les cafés de la fameuse Cannebière, un grand gaillard chauve et barbu, coiffé
du chapeau bousingot à larges ailes, vêtu du
veston classique de velours, tourner autour des
tables des terrasses, et proposer aux consommateurs l'achat d'une toile qu'il avait sous le
bras. Sur cette toile, il y avait des visions extraordinaires, qu'il fallait, pour les démêler,
regarder à distance. Elles se dégageaient lentement, comme du brouillard, d'un empâtement
de matière colorée de l'épaisseur d'un pouce, et
paraissaient peintes sans l'intervention de la
brosse et de la palette, avec le tube même, aidé
de l'ongle et du coude. Mais, de cette furie de
praticien en délire naissaient des évocations
délicieuses de jardins d'amour, aux terrasses de
marbre, peuplées de dogaresses Vénitiennes,.

qu'escortaient de longs lévriers, des promenades dans Cythère, rêvées par un Watteau enragé, des rencontres de brocarts, de satins, de soieries, de dentelles, flagellés de rayonnements mystérieux, et des théâtreries galantes de la Comédie Italienne, ciselées dans la profondeur des pâtes.

« Les gens de Marseille, jaloux aujourd'hui de la gloire du Maître local, n'entendaient pas grand'chose à ces conceptions hyperboliques, où l'harmonie des tons multipliait ses tours de force frénétiques. C'est comme qui dirait, pensaient-ils, la palette de Véronèse pendant les *Noces de Cana*, mais rien de plus que ses raclures. Et, pour quelques louis, ils soulageaient Monticelli de son panneau, qu'ils suspendaient pour rire, et sans cadre, à leurs murs épouvantés. »

Voilà d'importants documents, de décisives notations, qui nous permettent de reconstituer, d'une part, une figure, de l'autre, une manière.

Poursuivons. L'étude signée Paul Guigou, en tête des reproductions de Monticelli par Lauzet, bien que plus uniquement fantaisiste et dithyrambique, nous fournit encore certains détails appréciables : « Il avait pour tout logement une petite pièce, meublée d'un lit bas en un coin, d'un chevalet, de deux chaises. Une

seule fenêtre donnait du jour, voilée d'un
rideau rouge à ramages. Toute la chambre bai-
gnait dans une teinte de pourpre, dont le vieux
peintre se réjouissait. — Toute musique le
rendait fou, mais surtout celle des tziganes, qui
le bouleversait d'enthousiasme. Au dernier coup
d'archet, il partait en hâte, rentrait dans son
grenier, allumait tout ce qu'il pouvait rassembler de chandelles et peignait tant que duraient
ses forces. »

J'arrêterai là-ces citations, élues à travers de
longues et difficiles recherches. Elles nous four-
nissent en plusieurs notables masses, dont les
autres ne sauraient que les répéter, de solides dessous pour ce double portrait d'une physionomie
et d'un talent, d'un homme et de son art. A
nous de l'unifier et compléter de touches, de
rehauts, de glacis et de lumières.

Un nom qui manque, entre ceux évoqués par
les commentateurs, c'est le nom de Walter Scott.
Il y est de prime importance, cependant, ce nom
qui crée une atmosphère en laquelle certaines
toiles du peintre Marseillais replongent nos souvenirs. Leicester, Kenilworth, et le triomphant
équipage de la Reine Vierge, et le somptueux
manteau de sir Walter Raleigh déployé dans la

boue, sous les pieds de la « Royale Célibataire »,
portant, selon l'expression de Carlyle, « du fard
rouge sur le nez et du fard blanc sur les joues,
comme ses dames d'atours, lorsque des chagrins et des rides l'eurent éloignée des miroirs,
avaient accoutumé de l'accommoder ». Bien des
femmes de Monticelli sont accommodées de cette
façon-là. Il n'y regarde pas de si près. Et, si
vous le pressez un peu, il aura vite fait de vous
répondre que, par un procédé emprunté au
paon de la collection Samat, ces nez-là vous
apparaîtront blancs dans dix ans et, ces joues,
roses dans quinze.

   Un intitulé prononcé à propos, c'est celui de
Fêtes galantes; avec le titre de *Jardins d'amour*,
il baptise excellemment une grande part de cette
œuvre, toute faite d'un papillonnement, d'un
papillotement de Triboulets et de Méphistos,
de pages et d'abbés, de seigneurs et de dames.
Le mot *irradiation* caractérise bien le fluide en
lequel ils baignent. Ce sont des trouées, des per-
cées, des infiltrations lumineuses, quasi incan-
descentes ; comme des vols d'abeilles de flamme,
des essaims de papillons ignés ou de lucioles
envahissant les feuillages, soudain piquetés,
tiquetés, tigrés de voltigeantes étincelles.

Le petit tableau catalogué *Confidences*, dans la collection André, à Marseille, est un exemple merveilleusement scintillant de cette pluie d'étoiles. Ce tableau, comme presque tous ceux qui composent cet intéressant groupe, me semble appartenir à cette seconde manière de Monticelli, celle qui se dégage des bitumes lisses, sans encore s'irruer dans les « Himalayas » d'empâtements et de raclures.

Les autres Monticelli de cette galerie sont *La Moisson*, que je cite tout d'abord à cause du prix qu'y attache son possesseur, bien que ce tableau ne me semble pas caractéristique de la plus curieuse manière du peintre, ni de sa plus captivante forme de rêverie. Au reste, M. André ne me le cite point parmi ceux qui figurèrent à l'Exposition de 1900. Combien je préfère, en effet, outre les *Confidences* précitées, ces autres toiles : *Dames et Amours*, des Cupidons potelés devant un groupe de dames en causerie ; — les *Femmes aux canaris*, des charmeuses d'oiseaux, en train de caresser ou d'encager le *serin* de Lesbie ; — *Le Thé*, ou plutôt *Le Goûter*, un groupe d'idéales jeunes femmes assemblées dans leur éternel parc, sous une lumière blonde, autour d'un guéridon où des boissons fraîchissent.

Conciliabule féminin, tiré d'un Compiègne de rêve par un Winterhalter de génie ; — enfin *Le Parc de Saint-Cloud*, les mêmes jeunes femmes, isolées, cette fois, avec des enfants, sous des arbres plus profonds, en un effet d'ombre et de lumière plus marqué, plein de poésie. Quant à *François Iᵉʳ et les dames de la Cour*, c'est un de ces panneaux de la dernière manière du peintre, plus rugueuse, plus diaprée et qui abondent dans son œuvre. La collection de M. André, l'une des plus importantes pour les amateurs de Monticelli et que leur propriétaire fait admirer avec autant de complaisance que de fierté, comporte, de ce peintre, une trentaine d'ouvrages distants de dates, par conséquent d'intérêt gradué. Citons encore : *Cavalier et amazone, L'indiscrétion, Cuisiniers, L'Aumône, La Halte, Intérieur, Paysages d'automne, Portraits de Rembrandt*, etc. Je tiens à exprimer ici toute ma gratitude à M. André, pour la bonne grâce ingénieuse avec laquelle il m'a aidé à documenter ce travail.

J'ai visité, à Marseille, plusieurs collections contenant chacune d'intéressants spécimens : M. Chave, M. Negretti, M. Guinand, sont, entre beaucoup, de ces heureux possesseurs. Chez

M. Chave, je note un curieux portrait d'enfant, aux yeux noirs veloutés, aux cheveux en boucles apprêtées, aux menottes croisées sur des fleurs, en jupe grise ballonnée, en escarpins vernis à bouffettes jaunes, une fillette, attifée comme pour la distribution des prix d'un pensionnat prétentieux ou la récitation d'un compliment de fête. D'autres tableaux appartenant à M. Chave sont : une *Fête à Herculanum,* une *Nativité,* une *Chasse,* le *Pont de Saint-Menet,* etc.

M. Guinand, qui est neveu de Monticelli, a cédé, si je me souviens bien, les tableaux qu'il tenait de lui. Mais il a gardé les portraits de famille : une saisissante tête de sa mère, de dimension un peu plus grande que nature, et un portrait de sa sœur enfant, prenant une tasse de chocolat, qui est, à mon avis, l'un des chefs d'œuvres de l'artiste. Chez M. Rambaud, c'est un *Décaméron,* à peu près dans les dimensions de celui de Winterhalter, qui fut célèbre. Si (et ce n'est pas impossible) ce dernier inspira Monticelli, c'est, une fois de plus, la preuve qu'une veine médiocre peut ne pas être étrangère au concept d'une réalisation supérieure. Une perle de la même collection, c'est une ronde de jeunes femmes dans un sous-bois, à ma connaissance, petite toile unique dans l'œuvre de Monticelli, par le fini à la fois libre et heureux, la composition, la couleur. Chez M. Negretti, je note bien, entre beaucoup de belles marines, une *Sortie de messe*, une *Suzanne au bain*, une *Escarpolette*, des *Chiffonnières ivres* (une esquisse qui fait penser à Delacroix), un portrait de Monticelli par lui-même ; mais nous rentrons, avec cette collection, dans les compositions plus répétées, plus lâchées aussi, souvent, sinon inspirées, du moins animées, involontairement ou non, de l'esprit de tel ou tel maître : Rembrandt, Watteau, Millet, Decamps, Tassaert.

J'ai parlé de la peinture au paon, propriété de M. Samat, directeur du *Petit Marseillais*. Chez les collectionneurs de Marseille, on rencontre encore : *Les Pêcheurs*, à M. Magnan ; *Les Chèvres*, à M. Molinard ; plusieurs toiles chez le Docteur Mireur[1], chez M. Pelleu, ami et élève du maître, et chez MM. Petit, Buy, Rey, Raybaud, Rambaud, Lieutier, etc.

A Cannes, M. Delpiano possède un grand

1. Dispersées depuis.

nombre de Monticelli, de valeur inégale : un *Méphistophélès*, de beaux bouquets, des saltimbanques, des cuisiniers, et surtout des oiseaux aquatiques, notables entre tous.

Un tableau célèbre sous le nom de *La Cour de Henri III* appartenait à Madame Estrangin, à Aix[1]. Il est daté de 1874. C'est un épisode de la *Dame de Montsoreau* : des femmes parées jouent sur une terrasse avec des seigneurs et des chiens, entre des draperies répandues, des perroquets, de Véronésiens écroulements de vaisselles et de fruits. Et le Triboulet qui, du fond de la toile, préside à cette scène, occupe la place d'un galant abbé de Cour, complaisamment supprimé par le peintre au nom d'un scrupule religieux.

Le Musée de Lille possède deux toiles de Monticelli, tué, on ne sait par quelle erreur, longtemps avant sa mort, toujours par les dates inscrites aux cadres.

Je possède quatre belles études de Monticelli : *Les Reîtres*, sur le fond d'un paysage de décor, zébré de hachures, de balayures d'un vert d'émeraude et de turquoise morte, que ponc-

1. Acquis depuis par M. Boussod.

tue d'une blessure orangée un reste de soleil couchant, à droite, dans le ciel, un groupe de trois personnages, une ribaude entre deux reîtres magnifiques et corpulents, tout pleins de morgue, de redondance et de rodomontade. Elle, au chaperon emplumé, décolletée, toute en brocart et velours, tient à sa droite le plus gracieux de ces deux galants, steppant de la jambe gauche, dans son maillot clair, en sa trousse bouffante, sous son feutre à plume et son manteau d'un rouge vif. L'autre, plus épais, en sa veste d'un vert riche, ressemble fort, sous sa barbe rousse, à Monticelli lui-même. Il est escorté de son chien, gauche comme un mouton de « crèche », et ses brodequins sont du même ton orangé que la plaie ouverte dans le ciel.

Viennent ensuite *Les Colombes*. Quatre belles jeunes femmes dans un parc. L'une d'elles, une rousse, s'accoude à un vase de jardin, d'où ruissellent des roses. Deux autres, aux cheveux châtains, s'appuient l'une à l'autre comme en une confidence. La quatrième, la blonde, assise de profil sur la droite du tableau, est la vraie charmeuse de colombes. Ces oiseaux l'entourent, familiers, à ses pieds, sur son épaule et dans ses bras refermés. Deux lévriers, l'un clair, l'autre.

foncé, assistent à la scène. Et par une anomalie
fréquente dans les tableaux de ce peintre, le
ciel semble plutôt nocturne, tandis que l'atmosphère est diurne, et que les personnages sont
dévorés d'une ardente lumière solaire.

La troisième peinture devrait s'intituler *Les
Premiers Pas*, tant l'intérêt de quatre jeunes-
femmes réunies dans un parc se concentre sur
deux enfants, debout devant elles, et notamment
une fillette dans l'attitude à la fois rigide, importante et craintive d'un marmot qui, pour la première fois, se tient tout seul debout sur ses
petites jambes. Les deux inévitables chiens sont
ici deux bassets, toujours différents de robes.
La scène se passe au pied d'une statue à vaste
socle, dans un beau parc aux ombres d'écaille
brune, qu'ensanglante un soleil couchant somptueux et tragique.

La quatrième ébauche, la plus curieuse, répré-
sente la fin d'une soirée de gala ; seigneurs et
dames, rassemblés sur une terrasse, écoutent
chanter un bouffon en habit citron, qui se déta-
che sur un fond d'un intense vert-bleu, lequel
oppose aux tons roux dont les groupes sont baignés par la lueur d'invisibles flambeaux, la froide
clarté d'un clair de lune. Je l'intitule : *Fantasio*.

Nommons encore, parmi les collectionneurs de Monticellis : M. Mesdag, peintre de marine Hollandais ; M. van Thorne, de Montréal, et nombre d'amateurs étrangers.

Ne parlons que pour mémoire des Monticellis signés Diaz par des vendeurs peu scrupuleux ; l'avenir se chargera de rendre à chacun ce qui lui appartient ; le savoir, le goût, chacun reconnaîtra les siens.

Une mention spéciale pour un tableau religieux exécuté par Monticelli dans des conditions particulières. C'est dans l'église d'Allauch, petite ville des environs de Marseille, que l'artiste a consacré cette peinture à la mémoire de sa fiancée, Rose Aubanel, morte en sa vingtième année. Le panneau représente une gloire, dans laquelle la jeune fille, toute vêtue de blanc, s'élève vers le ciel, sans cesser d'être étendue, portée et contemplée par les anges. Quelques-uns d'entre eux sont à la ressemblance de parents et d'amis de la jeune morte.

Quant au portefeuille édité par Boussod et Valadon, et contenant vingt-deux lithographies, d'ailleurs belles, exécutées par le pauvre Lauzet d'après les peintures de Monticelli, je dirai que le projet en fut aussi téméraire que le serait

celui d'un lithographe, lequel tenterait, avec
son noir et blanc, de nous donner une idée de
la Corne d'or, ou d'une éruption du Vésuve.

Les anecdotes sont nombreuses touchant notre peintre ; elles sont ressassées par les ana
locaux : j'y renvoie le lecteur. Citons-en deux,
plus inédites. La première nous renseigne bien
sur son caractère. Un riche négociant de ses
amis lui paraît soucieux. « Embarras d'argent ? » fait Monticelli. L'autre ayant acquiescé,
l'artiste lui tend gravement une pièce de deux
francs, et, sur un sourire de son ami : « Quoi,
s'écrie-t-il, tu n'as pas besoin de quarante sous,
et tu te plains ? Moi, quand je les ai, je suis
riche ! »

La seconde m'est contée par un collectionneur qui en tremble encore. Monticelli, sur la
fin de sa vie, et sans doute un peu exalté, visi-
tait la galerie de cet amateur. Après des mar-
ques d'admiration fort judicieusement témoi-
gnées à des peintures d'intérêt divers, on arrive
à une aquarelle de la facture la plus savoureuse.
Et le peintre de s'écrier : « Ah ! celle-là est trop
belle, il faut que je la mange ! » Ce disant, il se
mit en devoir de dévorer le tableau dans lequel
sa morsure resta marquée.

Ce n'est pas seulement par le sujet d'un grand nombre de ses tableaux que Monticelli mériterait d'être assimilé à l'auteur des *Fêtes galantes*. Le premier de ces traits prouve qu'il lui ressemblait aussi de bonhomie, et quelques-uns de leurs portraits offrent des parités d'expression, sinon de figure. Ceux de nos poètes auxquels je comparerais encore Monticelli seraient, pour certaine guise, Ponchon, pour certain air de visage, Armand Silvestre.

Celui de nos peintres, en lequel je retrouve magistralement amplifiées, quelques touches de Monticelli, c'est Albert Besnard, bien notamment en son beau portrait de Réjane.

Mais les meilleurs tableaux à rapprocher de ceux de ce coloriste étonnant, tous, enfants, nous les avons faits, et je les revois dans mon souvenir. Au chaud de l'été, nous écrasions, entre une planchette et un fragment de vitre, lobélias, calcéolaires, géraniums, tous les tons les plus fulgurants du jardin, et nous nous complaisions des heures à contempler, fascinés, les éblouissants ensembles ainsi obtenus, composés de fleurs broyées.

Ces tableaux, les filles de la campagne qui nous apprenaient à les faire, les appelaient des *paradis,* et c'est en effet l'un d'eux que Notre-Dame de la Salette avait commandé aux enfants, Mélanie et Maximin, afin d'y reposer ses pieds et d'y pleurer à son aise. Les personnages divins peuvent bien quelquefois venir pleurer sur la terre, leurs yeux daignent s'y promener sur nos maux, mais leurs pieds doivent êtres éparés du terrain poudreux ou fangeux par un portatif morceau de paradis qui les isole. Les iniquités ne souillent pas les yeux qui les contemplent, mais les pas qui s'y complaisent et s'y égarent...

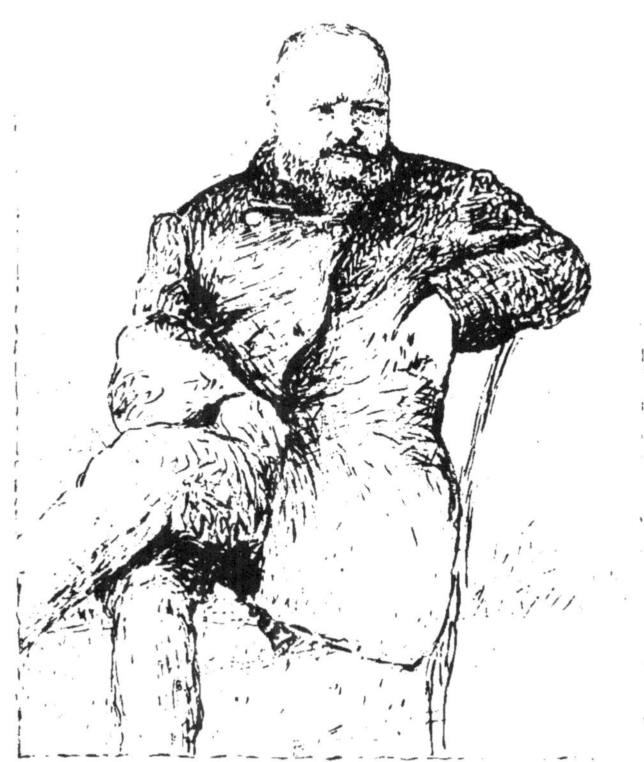

Rodolphe BRESDIN
1822-1885

II

L'Inextricable Graveur.

Rodolphe Bresdin

> « Pour végétation, souffrent des arbres
> dont l'écorce douloureuse enchevêtre
> des nerfs dénudés. »
>
> Mallarmé.

Première Partie

Ce fut, en quelque sorte, un Monticelli de l'encre de Chine, que Rodolphe Bresdin. Après le broyeur de fleurs, le broyeur de noir. Il remplace la multiplicité des touches du pinceau, par l'infinité des traits de la plume, et nous offre ainsi, au lieu d'un canevas merveilleusement émaillé de laines vives, une toile incroyablement embrouillée de fils obscurs.

C'est une tâche ingrate, que de se faire le rapporteur d'une gloire ébauchée, et de chercher à mettre en plus nette lumière, des figures familières à la seule élite. D'aucune part, on ne nous en sait gré. Ceux qui savouraient, entre *rare few*, une œuvre assez ignorée, seraient presque tentés de s'en déprendre, à la voir divulguer. Ils répétaient après Baudelaire : « C'est le petit nombre des élus qui fait le Paradis! »

Les autres, qui n'admettent pas que rien leur puisse être révélé, sitôt assimilés les documents dont ils ne savaient pas le premier mot, et que nous leur apportons de loin, au prix de cent efforts, font mine d'en avoir eu, de tout temps, les oreilles rebattues. Heureusement, ces plaisantes gageures n'ont rien à voir avec le juste et judicieux labeur qui consiste à rassembler les premiers et restreints éléments de critique, suscités par une renommée *in fieri* : un des plus nobles offices de nos Lettres.

Une caractéristique des talents dont la forme un peu ésotérique nous occupe, c'est précisément d'avoir toujours eu, de leur vivant, un héraut, d'ailleurs inécouté. Et quand le grand méconnu meurt, il reste pour longtemps drapé dans le linceul d'art, que lui a tissé et brodé la seule clairvoyante pitié d'un contemporain magnanime.

Ce héraut, ce fut pour Hello, d'Aurevilly ; Baudelaire, pour Guys. Pour Bresdin, ce fut Banville.

Bien entendu, la notoriété devait aller, plutôt qu'aux pages supérieures que nous dirons, à un *factum* de moindre importance, dont l'écrivain, d'ailleurs, se vante de lui devoir, non seulement sa *réputation*, mais sa *carrière* :

« Ces contes — écrit Champfleury, dans sa préface — qui ont décidé de la destinée de l'auteur... » Et plus loin : « Chien-Caillou, patronné par Victor Hugo, a fait jadis la fortune du livre ; l'auteur ne l'a pas oublié, et remercie ses amis connus ou inconnus, etc... »

Le badin conteur aurait bien pu tout d'abord, peut-être, remercier l'artiste vrai, « l'esprit aux mille souterrains, creusé dans le roc, comme le tombeau d'un pharaon », selon l'expression de Banville ; l'homme à l'âme profonde, qui lui fournit l'occasion de se tailler un petit succès dans un lambeau de ses prodiges. Mais le léger Champfleury est bien trop occupé à se faire valoir plus ou moins naïvement, aux dépens du puissant Bresdin qui n'en a cure, pour s'apercevoir de la monstrueuse maldonne qu'il prend sur soi d'accréditer, et qui, une fois de plus, a comme surprenant, comme déplaisant effet, d'illustrer le moucheron, au détriment du lion lumineux ; de nous faire admirer non loin d'un petit Mont-Blanc, un Perrichon démesuré.

Tels sont les redressements dont il importe de

rebouter à temps les opinions faussées, ce qu'on appelle un peu trop complaisamment : les légendes; de remettre à leur place respective, ceux qui se sont assis autour du festin, au gré de leur gloriole ou de leur modestie. Et c'est peu, pour l'évangélique bonheur de dire à cette dernière : « mon amie, montez plus haut ! » que d'assumer de gaieté d'esprit et de cœur, le tri difficultueux et peu rémunérateur des *disjecta membra* d'une renommée encore hésitante et diffuse.

Ceci dit, ayant bien établi qu'il fut longtemps plus qu'abusif de faire s'élever Chien-Caillou, et Champfleury lui-même, au-dessus du niveau de Bresdin, ramenons l'opuscule, trop vanté, à de plus exactes proportions, et laissons-lui proférer ce par quoi il vaut et prévaudra, c'est-à-dire le peu qu'il contient de la haute personnalité de son héros véritable et vénérable.

* * *

Chien-Caillou, on le sait (Chamfleury ne le dit pas) n'est autre que la corruption, à travers le langage des ateliers et le charabia des concierges, du nom de Chingackgook, un personnage de Cooper. Ce sobriquet, Bresdin semble l'avoir réellement reçu de ses camarades, au cours de son bref apprentissage chez les peintres. Une gravure de Bresdin porte, inscrit au mur d'un cabaret : « Chingakgouk, bon vin, sert à boire et à manger. »

La nouvelle, je ne fais que la rappeler; elle est à lire et, pour beaucoup, elle est lue. Son début s'accuse du moins véridique : « Cette histoire si gaie, si folle, si amusante, aura germé toute gonflée de larmes, de faim, de misère, dans l'esprit de celui qui l'écrira plus tard. »

Il en résulte, titre deux fois glorieux, que Bresdin fut une sorte de Villon, compliqué de Verlaine. Dégageons-le de ces circonstances un peu trop « amusantes », et dont il ne paraît point que le récit l'ait *amusé*, personnellement.

Bresdin-Chien-Caillou devenu graveur, après avoir débuté tanneur, habite « une chambre de quarante francs par an ». Elle est meublée d'un lit de miséreux, et d'une échelle à « marches plates servant d'étagère », sur laquelle repose un rudimentaire attirail d'aquafortiste : quelques planches, des aiguilles fixées à des baguettes et un pot de cirage, pour tirer les épreuves. Un échelon est encore occupé par un lapin vivant, modèle et compagnon de Bresdin, qui lui valut ce nom de *Maître au Lapin* recueilli par un des historiens de l'artiste, Monsieur Alcide Dusolier, lequel en a fait le titre de sa biographie. — Un troisième et dernier élément du mobilier de Caillou, consiste en une estampe authentique de Rembrandt. Et le graveur vit de carottes et de pain de munition, qu'il partage avec son lapin, dans cet aérien taudis.

Un brocanteur juif y fait son entrée, découvre et exploite le génie du cénobite-gueux, et lui achète cent sous ses griffonnages, « quelque chose d'allemand primitif, de gothique, de naïf et de religieux », qu'il revend deux cents francs en les faisant passer pour d'anciennes gravures. « Pour comprendre les eaux-fortes de Chien-Caillou, il fallait être savant. La plupart dés gens n'y auraient rien vu ; les véritables amis de l'art y découvraient un monde. Jamais la pointe ne s'était jouée d'autant de difficultés. »

Ainsi s'exprime la nouvelle de Champfleury, réduite à ce qu'elle fournit de contribution pour l'histoire de Bresdin.

Si j'ajoute que l'auteur (ce qui fut presque prophétique) fait mourir son héros aveugle, sur cette poignante apostrophe : « Ah! dit-il en poussant un grand cri, je ne vois plus... » c'est que ce *Lamma Sabachtani* de l'art a précédé telle situation qui nous émeut dans *La Lumière qui s'éteint,* le beau roman de Kipling.

Rapprochés de moins fantaisistes sources, ces détails semblent acceptables.

M. Alcide Dusolier qui écrit quatorze ans après Champfleury, nous représente Rodolphe Bresdin « d'une honnêteté niaise et sublime ». A vingt-sept ans, il quitte Paris où ces vertus ne trouvent guère plus d'emploi que son talent génial, et dirige vers Toulouse un exode qui nous rappelle celui de Monticelli, vers Marseille, en 1870. Soyons reconnaissants aux pages de M. Dusolier, de nous initier à cette phase caractéristique de la vie du *Maître au Lapin.* Le compagnon de Chien-Caillou n'est donc ni un mythe, ni une chimère ; Bresdin lui a réellement fait faire, dans ses bras, les deux cents lieues qui unissent Paris à Toulouse ; et ce lapin a conquis sa place au paradis des animaux aimés, sur lesquels s'est réverbéré un peu de l'amour refoulé des grands cœurs solitaires. Pour le moment, Maître et bétail sont arrivés au but. Nous sommes à l'heure où Bresdin s'assure,

moyennant cinq francs par an, le loyer d'une de
ces cahutes de cantonnier « moitié terre et moitié chaume, qui servent aux paysans, de ves-
tiaire pour leurs outils de labeur. » Il y passe
cinq ans, avec son lapin, à se nourrir, *soi et lui*
« exclusivement d'herbes et de légumes, de
salade, surtout. Quant au pain, il en mangeait
comme les métayers mangent de la viande, une
fois par semaine, allant à la ville tous les
quinze jours, vendre pour cent sous ou dix
francs à quelque brocanteur, un de ses admirables dessins à la plume... » — et, sans doute,
contractant dès lors le germe des maux cruels,
dont nous entendrons le gémissement plus
tard.

Au bout de ces cinq années de stage à « s'as-
seoir avant d'entrer, aux portes de la ville »
Bresdin y pénètre et aussi dans le luxe. « Pour
la première fois, depuis cinq ans, il couche dans
un lit... le propriétaire l'a vu, par deux fois faire
cuire un morceau de bœuf, sur quelques
branches mortes ramasssées dans le verger. »
Et le voilà installé dans son recoin qui lui
semble royal, — d'ailleurs, selon son goût, — à
« travailler, inconnu et admirable » suivant la
juste expression de son historien d'alors, entre

son lapin et une rainette, qui constituent, en ce temps-là, toute sa famille.

Telle est la phase de l'existence de Bresdin que nous donne à connaître M. Dusolier.

Un autre biographe lui succède; car le sort qui paraît se divertir à fomenter les étranges formes de pareilles destinées, leur suscite des commentateurs dont le dire se retrouve à point nommé, tel qu'un modeste, mais effectif évangile.

Celui dont je parle, fort précieux dans l'exégèse de Bresdin, ce fut une brochure de Monsieur A. Fourès, publiée à Carcassonne, en 1891.

Un peu diffuse, et d'ailleurs, fort heureusement, sans prétention, elle se contente de nous fournir des renseignements dont plusieurs sont importants, et, quelques-uns, inappréciables. Débarrassés des répétitions ou d'inutiles commentaires, et joints aux sûres observations desquelles nous avons fait le triage, ils renforceront les traits de caractère déjà observés, compléteront la figure.

Rodolphe Bresdin est né le 12 août 1822, de Denis Bresdin et de Geneviève Françoise Buisson, à Monrelais (Loire-Inférieure). « A vingt ans, déjà, dans le faubourg Saint-Marceau, il habitait un grenier, un galetas plutôt, qu'il partageait avec des chats, des lapins, des poules, faisant lui-même sa cuisine, lavant son linge en un recoin, gravant devant sa fenêtre, dans les heures nombreuses où il n'allait pas à la tannerie. »

Ceci est un retour au motif amplifié de Chien-Caillou et de son bétail, dont nous allons suivre l'accroissement et le développement. Écoutez plutôt :

« Il vivait à Toulouse, dans une maison basse, au milieu d'un jardin (M. Fourès en précise à peu près l'emplacement). Cette habitation, mal recrépie, sale, en désuétude, ressemblait plutôt à une étable qu'à la demeure d'un artiste; elle était divisée en deux pièces. Celle où il travaillait ‑avait, pour tous meubles, une table, une mauvaise couche et trois chaises. Dans un coin, des fagots, au-dessus desquels voltigeaient librement des oiseaux de différentes espèces, qui étaient dressés. Sur un signe du maître, ils se perchaient ou quittaient les branches. Dans l'autre pièce, on voyait de nombreux pigeons et lapins dont Bresdin faisait aussi l'éducation. C'était, paraît-il, pour lui, après son travail, le plus agréable des délassements. Il avait plaisir à commander à tous ces animaux... » Et comme on s'étonnait de son dénûment, il s'en déclarait surpris : « J'ai, disait-il, du pain, des fruits de mon jardin, et la meilleure des boissons... » une eau de source dont il exaltait le mérite, affirmant « qu'elle contenait une infusion bienfaisante des diverses feuilles qui y tombaient. »

Nous entendrons pourtant résonner, un jour, dans la correspondance de Bresdin, le *lamento* de ces cruelles années.

Je note maintenant une nouvelle similitude entre Bresdin et Monticelli.

On se souvient de celui-ci, se rendant vers le soir, aux Allées de Marseille, dans l'espoir d'y rencontrer, devant quelque café, l'acheteur de sa toile du jour. De même, Caillou sort tous les soirs, se rend, Place Lafayette, au Café de la Comédie, et chaque fois « muni d'un dessin qu'il met en vente. »

« Je n'ai pas de pain, donnez-moi ce que vous voudrez », répond-il à un amateur, au sujet d'un dessin, dont il reçoit quarante francs. Mais l'ouvrage, cédé, pour le double de cette somme, le premier acquéreur en veut faire bénéficier Bresdin, qui refuse. Il refuse de même les quatre cents francs que lui offraient deux Anglaises, pour un sujet fini, à la condition qu'il en retirât un cochon de premier plan, dont l'aspect leur déplaisait. — « Ce cochon, répondit fièrement Caillou, fait tout le mérite de ma composition. Je ne déshonorerai pas mon art ! » — Et deux jours après, il s'estime heureux de vendre cent cinquante francs le même travail, à un amateur moins exigeant ou plus compréhensif.

Ici se place une histoire de Princesse Mathilde qui n'est guère plaisante. Elle prouve, une fois de plus, qu'il est difficile de faire le bien avec délicatesse.

Un matin de 1853, dans son taudis de Toulouse, l'artiste, assis sur une caisse retournée, l'unique siège du lieu, voit entrer chez lui un gommeux local. C'est le secrétaire de la Préfecture, qui lui apporte quatre cents francs, au nom de la « cousine du tyran ». Pourquoi justement cette somme ? On ne se l'explique pas. L'idée, qui n'en est pas moins généreuse, à l'égard d'un artiste très inconnu, et si besogneux, suscitée par la lecture de Chien-Caillou, a le tort d'être mal formulée. Bresdin entre en fureur, puis en arrangements, et consent (je crois le comprendre, bien que le récit ne précise pas) à accepter l'argent, comme prix d'une commande qu'il livrera par la suite. Mais, quand le scrupuleux obligé se présente, quatre ans après, à l'hôtel Impérial, avec ce trésor, qui valait plusieurs fois le bienfait : « la première épreuve, admirablement tirée, du Bon Samaritain... le pauvre homme était si misérablement vêtu que le concierge ne consentit jamais à le laisser entrer dans la cour ! »

*
* *

Nous voici maintenant en face du document le plus considérable, qu'il ait, jusqu'à ce jour, été donné de consulter, sur le compte de Bresdin : les dix lettres par lui adressées à son ami Monsieur Justin Capin, de Saint Projet, publiées par M. Fourès, et qui équivalent aux dix paroles de ce crucifié de l'existence.

La première de ces lettres est datée de 1854. Il y parle de « l'amertume de sa position », et, dans le même instant, nous révèle sa propre charité. Pauvre (et quel pauvre !) apitoyé sur un plus pauvre. Il s'agit d'un Polonais, qu'il appelle

« pauvre Pologne » et qui vient le trouver pour lui faire comprendre l'état piteux de ses personnelles affaires...

« Il tombe sur mon pain — *remarque drôlement l'auteur de la lettre* — et y fait une telle brèche, que si, relativement, les Anglo-Français en font une pareille à Sébastopol, toute l'armée y passera avec armes et bagages ; et s'il y a assez d'eau devant la! brèche, les deux flottes pourront bien y passer aussi, sans que les *steamers* aient jamais besoin d'abaisser leurs mâts, ni leurs cheminées. » — *Et il ajoute :* « Je vais tâcher de lui donner quarante sous pour aller jusqu'à Agen... le pauvre garçon mérite vraiment qu'on s'intéresse à lui, car il est très rangé et très laborieux, et, de plus, il a l'air d'être très honnête, Pologne, — ce qui est à considérer. — Je dois l'emmener avec moi en Amérique, l'année prochaine... »

J'insiste sur ce point de beauté morale, qui nous donne à constater que si, comme l'écrira plus tard Banville « cet esprit est taillé dans le roc, comme le tombeau d'un Pharaon », ce cœur est aussi pénétré d'amour, comme le nid d'une colombe.

Reconnaissons aussi ce goût de l'honnêteté, constamment manifeste chez Bresdin, qui, selon Banville encore « s'est exilé, pendant de longues années, non pas dans une province, non pas dans une campagne, mais dans une forêt... pas

tout à fait comme Alceste, pour avoir seulement
la liberté d'être honnête homme, quoique ce sentiment entrât pour beaucoup dans la résolution.
prise ». Ce goût d'honnêteté, nous le retrouvons,
au cours de toute l'existence de l'artiste, et qui,
lors du baptême de son premier enfant, prend
cette forme particulière : la marraine choisie
n'ayant pas paru offrir au papa de suffisantes
garanties de moralité, il la remplaça, séance te-
nante, par une fillette de dix ans qu'il alla qué-
rir sur ce propos : « Puisque vous prenez la
chose au sérieux, je ne peux permettre que ma
fille reçoive le premier sacrement, soutenue par
des mains impures. » Enfin, nous voyons s'ébau-
cher dans la dernière phrase de la lettre préci-
tée, cette Amérique idéale qui fut une des illu-
sions de ce génie enfant, ensemble borné et
vaste.

« L'image de ce pays neuf où la liberté et l'indépendance
peuvent se conquérir par le travail, m'a déjà retrempé
un peu... en me reportant vers cette nature vierge, sortie
d'hier, pour ainsi dire, des mains du Créateur. — Ah !
pouvoir, à la face de la Nature, cultiver son corps et son
âme, développer les dons précieux que Dieu mit en vous,
sans s'abrutir dans un travail abject, souvent vil et
infâme, asservissant son intelligence à l'oppression, à la
ruse, la duplicité et la force, comme on voit tant de créa-
tures déchues le faire pour gagner leur existence. N'est-

ce pas enviable, et bien capable d'émouvoir tout homme dont la souplesse et la flexibilité dorsale, comme la volonté et le pouvoir de dissimuler, sont des défauts qui lui sont inconnus autant qu'impossibles [1] ? Je sais bien que beaucoup de gens me diront qu'il faut hurler avec les loups ; moi je pense qu'il vaut mieux les tuer ou les fuir, si la fortune ou le hasard de la position ne nous permet pas de pouvoir les museler. »

Donc il veut partir, mais ce départ est ajourné faute d'argent.

« Sur cinq Christophe Colomb que nous étions, pas un n'avait une piste pour le porter, ni un maravédis pour payer la barque de Caron, afin de passer de ce monde-ci dans l'autre. J'avais cependant obtenu — ô prodige de l'éloquence et des bons renseignements sur l'exploitation ! — j'avais cependant obtenu de passer pour cent trente francs... moi, et les quatre autres à ma considération. Mais je n'ai pu obtenir davantage, ce qui fait que je suis forcé de travailler *le moëllon lithographique* pour amasser mon voyage, et probablement celui des autres, qui doivent compléter le chiffre de cinq exigé par la concession. »

Mais le temps s'écoule sans réaliser le projet que nous voyons fluctuer au cours des lettres. En 1866 :

---

1. On rétablira aisément la construction de cette phrase et de quelques autres citées, dont l'incorrection n'est pas pour diminuer l'éloquence.

« La guerre d'Amérique a eu cela de fâcheux qu'elle a tellement fait enchérir le coton, et il s'est tellement écrit pour ou contre les noirs, que d'un côté, la matière première faisant défaut et, de l'autre, le papier allant toujours en augmentant, il est devenu si cher que les vieux amis ne s'écrivent plus, — ce qui prouve à la fois la force des événements, et la faiblesse des sentiments! » *Et tout de suite après cette boutade* : « Ma pauvre femme et moi nous désirons d'autant plus sincèrement avoir de vos nouvelles, que, d'un moment à l'autre, nous pouvons partir en Amérique, comme colons. »

Une autre lettre de la même année, débute ainsi :

« Je vous annonce que je vais partir pour la Nouvelle-Orléans, dans deux mois, au plus tard ; je devais partir le 20 septembre, mais ayant appris que la fièvre jaune avait commencé son apparition, je retarde mon voyage — d'autant plus volontiers que, voulant emmener toute ma famille, je suis obligé d'attendre que mes efforts pour me procurer la somme nécessaire, aient été couronnés de succès.

Quelques personnes m'ont assuré que, mettant en loterie quelques gravures et quelques dessins, je pouvais espérer une partie de mon passage, réussir et arriver à mon but. En conséquence je viens vous soumettre la situation, et vous prier, comme un de mes plus anciens amis, de me venir en aide en ce moment, afin de ne pas être obligé de partir seul. Car je suis décidé à partir quand même, tous mes renseignements me faisant espérer de pouvoir réussir là-bas, ou aux environs. »

Mais toujours l'auteur de tant de *Fuites en*

Égypte voit se refuser à lui, cette fuite en Amérique tant désirée.

C'est seulement après 1871, qu'il s'embarque avec les siens, pour le Canada. De ce voyage — qui sans doute ne fut pas heureux — nous ne connaissons guère que le retour : « Il y a dix ans (vers 1876) dans une brasserie fréquentée par les peintres — écrit Paul Arène en son *Paris Ingénu* (*Un Vieil Artiste*) — près d'une gare, quelques amis s'entretenaient de Bresdin, depuis longtemps disparu et qu'on croyait mort, quand précisément Bresdin entra chargé de paquets, suivi de sa femme, de ses six enfants et d'un nègre. Bresdin, comme on revient d'Asnières, s'en revenait du Canada, où il était allé chercher fortune. »

Ce que nous avons vu se dérouler dans l'intervalle, ce sont les souffrances ; et ce que nous avons vu surgir c'est la famille, qui n'est pas sans les aggraver.

La famille, dans la correspondance qui nous occupe, et nous instruit si fort, fait son apparition avec l'étonnant baptême dont il a été question. Suivons-la : « Bresdin, selon un de ses chroniqueurs, n'éprouva jamais pour sa femme d'autre sentiment que celui de la reconnaissance. Il la sentait malheureuse à cause de son caractère étrange, et en souffrait beaucoup. » Une lettre de 1862, touchante d'espérance combattive, s'exprime ainsi :

« J'ai déjà passé un traité avec une Revue *(La Revue Fantaisiste)* : deux petites eaux-fortes par mois à cinquante francs chaque. — Voilà donc une petite base pour l'avenir de ma petite famille. — Je m'ennuie affreusement tout seul et j'ai beaucoup à travailler ; il me tarde de pouvoir faire venir la pauvre Rosalie et la petite, qui doivent bien s'ennuyer aussi. »

En 1865 :

« Je vous annoncerai que j'ai un nouvel et quatrième enfant qui, cette fois, grâce à Dieu, est un garçon ; qu'il a un mois, paraît très bien portant, que les autres ne vont pas trop mal, ainsi que la mère..., que, de plus, moi et Rosalie nous sommes mariés depuis huit jours, à la mairie de Bordeaux, et à la chapelle de Saint-Projet, nom que j'ai choisi en pensant à vous et en souvenir dé notre amitié. »

En effet, le 9 décembre 1865, eut lieu, à Bordeaux, le mariage de Rodolphe Bresdin et de Rose Cécile Maleterre, née à Albi (Tarn), le 26 mars 1831.

Quant aux souffrances, remontons-en le calvaire poignant. La plus cruelle de toutes est cette lumière qui s'éteint, assimilant Bresdin, je l'ai dit, au héros de Kipling.

« Dieu, qui n'oublie pas les siens, a bien voulu me donner un peu plus de chance que par le passé, au moment où les yeux m'ayant abandonné encore une fois, et où les soucis, les infirmités, les privations et la maladie m'avaient réduit à une condition pire que jamais, ayant quatre enfants en bas-âge, à substanter et entretenir. Étant très malade et ayant les yeux tout à fait ruinés depuis longtemps, je me suis démanché l'épaule, il y a une vingtaine de jours : j'en souffre beaucoup. La vue m'abandonne, j'en souffre et travaille trop péniblement pour espérer jamais rien de bon pour mes enfants, d'un tel état de choses.

« Une recrudescence de ma vieille maladie m'a cloué, encore une fois sur un lit qui n'est pas de roses. Le médecin qui me soigne m'a dit que mon état était très grave, car, depuis longtemps, j'avais le cœur noyé dans le pus, les poumons et la rate très malades ; que la saison n'étant pas propice pour me soigner, il allait provisoirement me faire subir un petit traitement préparatoire (!) qui consiste d'abord en vésicatoires, qui m'enveloppent tout le corps comme une cuirasse, depuis les aisselles jusqu'aux hanches. Les premiers huit jours, j'ai souffert horriblement, surtout de l'inexpérience et de la maladresse du pansage. De plus, j'avale pour la centième reprise, d'affreuses drogues dont l'idée seule me dresse les cheveux sur la tête et me donne des nausées.

« Au printemps, alors que la nature se pare de ses plus beaux habits de fête, et appelle le genre humain à la noce, mon médecin me recouvrira de vésicatoires et m'abreuvera de nouvelles drogues. C'est un médecin qui n'est pas ordinaire : il m'a dit qu'il me tuerait irrémissiblement ou me guérirait. « Je ne quitte mes malades, m'a-t-il dit, que morts ou guéris. » J'espère donc qu'il me

guérira d'une façon ou d'une autre. De temps en temps,
je vomis de la boue c'est à ne pas y croire...

« Pour comble de chance, comme toujours, après avoir
ramassé un peu d'argent, et me crevant, la maladie va
me dévorer encore une fois au milieu d'un martyre sans
cesse renouvelé. Qu'est-ce que la vie, surtout une existence
comme celle que je mène depuis deux ans ? Avant, je
n'étais pas heureux, certes, mais au moins, j'étais bien
portant, tandis que j'ai souffert, depuis, des maux
inimaginables. Si j'en réchappe de ce coup, je veux aller
à cinq cent mille lieues... »

Encore une épitre :

« Les yeux ne veulent pas dessiner du tout ; ils sont de
plus en plus divergents, et écrire une lettre, cela suffit
pour me les arracher. »

Enfin, cette lamentation, proférée de l'hôpital
Necker, en avril 1870 :

« La bataille a duré 48 ans, à moins d'un miracle, elle
va se terminer, la paix va se faire.

« Les derniers bataillons de l'ennemi se préparent à
charger ; sondes, scalpels, bistouris, s'apprêtent à se ruer
sur mon corps déjà si las et si fatigué. Les derniers com-
battants se réunissent pour un dernier et décisif effort.
Comme s'il en fallait tant que cela pour m'abattre !

« Non, il n'en faut pas tant, je suis trop bas, et il y a
trop longtemps que cela dure. Jamais je ne pourrai supporter toutes ces tortures.

« Les malins se consultent, jettent déjà un coup d'œil
satisfait sur leur ferraille ; tiens toi bien, vieux Cailllou !

« A dix-huit ans, je suis déjà venu ici, aveugle, et Dieu

sait, et peut seul savoir ce que j'y ai souffert. A quarante-huit ans, j'y reviens. Hélas ! pourrai-je encore y revenir ? »

Le miracle a lieu, et c'est un honneur, pour Courbet, d'avoir organisé alors, au profit du pauvre ressuscité, une soirée à bénéfice, en laquelle j'aime encore à saluer le nom d'Agar.

DEUXIÈME PARTIE

Arrivons à l'œuvre de cet innocent damné.

Banville s'en montra, de bonne heure, le commentateur passionné et inimitable.

C'est le 15 juin 1861, dans la *Revue Fantaisiste* — dont Bresdin devint le collaborateur, en cette même année, pour une série de gravures de format un peu exigu et dont la périodicité ne pouvait convenir à sa fantaisie, — que le Maître des *Odes Funambulesques* nous donne une *transposition* de l'art du graveur, qu'il décrit d'une écriture aussi fouillée que les originaux de ces planches touffues.

« Voici un enthousiasme, une âme, un poète, un fou, un génie, une pensée, qui m'étonne, me trouble et me fait rêver de longues heures : Rodolphe Bresdin. Ses dessins à la plume, ses lithographies où la pointe et le crayon s'unissent pour produire des effets prestigieux, sont des mondes à étudier, minutieux, compliqués, énormes, imposants, par leurs masses hardies, détaillées jusqu'à la démence, et rivalisant avec la nature par l'infiniment petit, recherché jusqu'à l'atome. »

Et plus loin :

« Autant vouloir compter les roseaux, les chardons, les brins d'herbe, les oiseaux, les animaux farouches, les nuées bizarres, les villes inouïes qui fourmillent dans un dessin grand comme la main signé Rodolphe Bresdin. » — « Il a vu, *poursuit l'écrivain*, ces Babels de troncs et de feuillages, ces demeures de lianes... ces marais de verdure... » *Il a entendu* « le bruît imperceptible de la feuille qui pousse... » *en un mot, il a dit* « la forêt, les minutieux enfantillages de ses jeux, les formidables excès de ses délyres... » *et il est, comme Dürer* « un espion des forces vives de l'incommensurable Nature » *dont le mystère s'est révélé pour lui.*

« Du champignon vil jusqu'à l'oiseau ivre d'éther, de l'oiseau à l'archange ailé, une chaîne d'êtres non interrompue relie les cercles de la création ; du bout de votre bâton vous déchirez ce champignon hideux ; il se divise en une nuée d'insectes qui, en noires peuplades, s'empare du sol ; ce champignon est végétal, il est animal aussi ; la transition entre la vie végétale et la vie animale nous échappe, comme entre la vie animale et la vie divine. L'eau croupie, la pourriture engendrent des âmes ailées ; il existe une ressemblance effrayante entre le regard des lacs et celui des prunelles humaines, les racines sont des monstres qui rampent sous la terre, les branches ne peuvent que se ressouvenir de ces poses d'animaux féroces qu'elles affectent, et ne peuvent les avoir apprises dans leur vie immobile. »

Voici maintenant une à tout jamais inimitable description de l'œuvre maîtresse de Bresdin connue sous le titre peu motivé de *Bon Samaritain*, car, ajoute Banville : « n'en déplaise au prodigieux artiste dont la lithographie m'emporte, brisé, dans son fabuleux rêve et m'éblouit moi-même, avec ses toutes petites blanches nuées volant en pleine lumière, sous les autres nuées moins lumineuses, et sur lesquelles se découpent des branches capillaires, trouvées dans le prestige flottant et faites de rien, je ne puis prendre au sérieux le *sujet* qui a servi de prétexte à cette composition écrasante... »

« Jugez plutôt :

« Tâchons pourtant, lutte insensée ! de donner une idée initiale vague de ce travail immense.

« Sur le premier plan une eau dormante et des végétations inextricables : chardons, roseaux échevelés et enchevêtrés, troncs difformes, monstrueux, épouvantables, aux branches recroquevillées, bossues, aigües, affectant des poses de reptiles, animaux-branches ouvrant des gueules féroces ; en les regardant mieux, un monde d'animaux s'y cache : oiseaux, reptiles, singes ironiques. Au bord de l'eau dormante, de grands oiseaux rêvent gravement. En pleine lumière, une hydre aux cent griffes, aux cent gueules, aux crocs hideux, aux bras tordus ; non, c'est un tronc d'arbre aussi, mais quelle abominable douleur a pu lui inspirer de si hideuses tortures ? Puis le tertre herbu, feuillu, écrasé de frondaisons noires ; les singes y pullulent, l'œil sanglant des hiboux y éclate comme un trou de flamme, des branches en éventail, en panaches, des astres aux visages de soleil, des palmes folles de joie y chantent l'hymne fulgurant de la végétation triomphante ; puis, formant deux coulisses gigantesques et démesurées, qui laissent voir derrière elles la toile de fond lumineuse, deux masses d'arbres noirs, où, plus nombreuses que les étoiles célestes et que les grains de sable du fond de la mer, toutes les feuilles, millions de milliards de feuilles, par le sortilège d'une magie inouïe, se voient, se comptent, formant comme des figures larges et gracieuses, et sur les plus hautes branchettes, dans les hauteurs infinies du ciel, sur les petites feuilles qui naissent à peine, de petits oiseaux passent et volent, et on les voit, et l'œil les suit, ailes égarées dans ces vertes dentelles végétales d'une ténuité vertigineuse, qui se découpent sur l'azur lumineux où se condensent des vapeurs fécondantes. Elles-mêmes, ces grandes masses d'arbres se débattent sous des branches mortes qui, élancées devant elles, les serrent, les étreignent, boas tordus dans l'air, serpents aux bonds furieux, monstres dentelés et griffus ; l'une de ces branches a tout à fait l'air d'un serpent ailé ouvrant sa gueule sanglante où elle brandit un dard enflammé ; ici le rêve prend corps, la nature violée livre son secret, et avoue enfin qu'elle n'est qu'un entassement de monstres déchirants, occupés à s'entre-dévorer. Au-dessus de la composition énorme, un ciel fouillé, tourmenté, minutieusement découpé en nuées qui, comme chez Albert Dürer, ont chacune sa physionomie et son allure, océan éthéré où chaque vague est vivante et doit avoir un nom. A côté des larges masses d'arbres, d'autres masses plus légères, découpées avec la délicatesse d'un réseau de veines, et enfin, au loin, dans la pleine et sereine lumière, une ville démesurée elle-même, forêt de pierres, grande comme la forêt d'arbres... »

J'ai cité tout le morceau, parce que, je l'ai dit, il défie à jamais toute velléité de description de la même œuvre sous son ciel pommelé. J'ajouterai seulement cet unique détail omis, que Bresdin a placé visiblement, sur le corps même du quadrupède, le monogramme de sa signature.

Longtemps après, Huysmans écrit à son tour les lignes suivantes :

« Le *Bon Samaritain,* un immense dessin à la plume, tiré sur pierre : un extravagant fouillis de palmiers, de sorbiers, de chênes, poussés tous ensemble, au mépris des saisons et des climats, une élancée de forêt vierge, criblée de singes, de hiboux, de chouettes, bossuée de vieilles souches aussi difformes que des racines de mandragore, une futaie magique, trouée au milieu par une éclaircie laissant entrevoir, au loin, derrière un chameau et le groupe du Samaritain et du blessé, un fleuve, puis une ville féerique escaladant l'horizon, montant dans un ciel étrange, pointillé d'oiseaux, moutonné de lames, comme gonflé de ballots de nuages. — On eût dit d'un dessin de primitif, d'un vague Albert Dürer, composé par un cerveau enfumé d'opium... »

Quant à l'ouvrage de M. Henri Béraldi sur les graveurs du xixe siècle, tel est son jugement à propos de la même œuvre :

« Moitié vision étrange des anciens maîtres, mais aussi moitié travail de patience comme en exécutent les prisonniers : c'est ce que les artistes expriment pittoresquement en disant que c'est « noix de coco ».

Voici, en outre, quelques pièces que la possession me met fréquemment sous les yeux, et qui vont nous permettre de classifier les motifs d'inspiration de l'artiste.

« O feuillage, tu m'attires ! »

Ce mystérieux vers de Hugo pourrait servir d'épigraphe à une notable part de l'œuvre de Bresdin. Ce ne sont pas les moins éloquentes de ses planches, celles où des arbres de toutes essences, notamment des bouleaux aux blancs troncs satinés, prennent naissance entre ces rocs et s'entrecroisent au-dessus d'une eau qui les mire. En ce moment même j'admire trois de ces eaux-fortes, dont deux sont datées de 1880. Une fraîcheur y règne ; ce sont des sous-bois aimés pour eux seuls, sans rien d'horrifique ni d'autrement mystérieux, que du mystère dès sites ombreux, recueillis, solitaires.

La troisième de ces eaux-fortes non peuplées que du frisson de l'air, de l'onde et dès ramures, est un état inachevé, fort propre à nous laisser entrevoir le travail du graveur ; les branches s'y étreignent comme des tentaculès ligneux ou des pattes de crustacés ; de plus troublantes, qui revêtent des aspects quasi-humains, semblent s'enlacer corporellement, et composent des groupes amoureusement condamnés à ne s'aimer qu'à travers l'écorce.

Tout autre est celle qui suit, peut-être un ressouvenir du voyage d'Amérique, et comme un frontispice de forêt vierge ; un inextricable fouillis de branchages circulairement enchevêtrés de frondaisons et de lianes à l'entour d'une vague trouée qui s'éclaircit au centre, telle que, parmi les épineux empêchements des difficultés et des obstacles, une lumineuse orientation vers l'inconnu, une perspective sur l'espérance...

Mais l'horizon se déchire en ces deux paysages plus rocheux, nous laissant apercevoir, dans le premier une ville biblique, laquelle pourrait bien-être Sodome, sur laquelle va s'entr'ouvrir ce ciel follement fuligineux, qui balaie au-dessus des nuées échevelées et sulfureuses. — Le second, plus calme, abrite deux plus paisibles cités, blotties en des rentrants, au pied des monts, au bord des eaux.

C'est encore dans un paysage rocheux tout embrumé d'obscures vapeurs, que l'humanité fait son entrée sous forme de ce chevalier sur sa blanche monture. Il sonne du cor dans la direction du manoir dont les tourelles couronnent une éminence; et sa poésie est la même que celle qui nous émeut dans le *Retour du Chevalier*, une des plus pénétrantes compositions de Boeklin. — Un troisième paysage rocailleux de plus grandes dimensions, sert de décor à un bain de femmes. — Un nouveau bain de femmes, celui-là plus poétique et plus Océanien, groupe comme de jeunes Otahitiennes, entre des vols de colibris, sous la verdure veloutée des palmes. Rarahu, et ses compagnes, au ruisseau d'Apiré, vingt ans avant Loti.

Pénétrons dans les susdites villes, autre domaine de Bresdin qui se plaît à démesurer fantasmagoriquement (et sans trop pourtant les sortir du réel) de normandes ou bretonnes demeures, à ériger en mitres les toits des maisons au-dessus desquels les clochers d'église perçent des ciels aux nuages ressemblants à des boucles défrisées. — Encore un lieu de prédilection pour la pointe de notre graveur, ce sont des fermes aux couvertures de chaume dépeignées, et surmontées de cages à pigeons, fort bizarres; au devant, les palis d'un maigre verger, une mare où s'abreuve le bétail, autour de laquelle des poules picorent et des marmots piaillent.

On sait que l'agriculture fut un des rêves de la vie de Bresdin, qui s'en distrait à dessiner de telles métairies : « Faire de l'agriculture, objet de tous mes vœux », écrit-il dans une lettre de 1866. « Car Bresdin, ajoute Paul Arène, toujours bon gré, mal gré, ramené au gîte, toujours interné par la nécessité entre Montmartre et Montparnasse, eut toujours la même idée fixe : être colon, s'établir aux champs, dans un pays où les champs ne coûteraient rien, vivre de la vie paysanne, défricher, piocher au soleil, boire l'eau des sources, et partager avec sa famille, les oiseaux de l'air et les bestioles des bois, de grosses tranches de bon pain bis qui sent encore la terre et le blé. » Et l'écrivain conclut sur le pittoresque tableau de l'essai de colonisation d'un grenier, tenté à Paris par Bresdin : « Champs ensemencés, arbustes, gazons, légumes, parmi lesquels s'ébattaient poules et lapins, merles et moineaux, rien n'y manquait, pas même la cabane habitée dans un coin par notre colon... quand, sur la plainte du locataire d'en dessous, l'expulsion fut signifiée. »

Une des plus mystérieuses planches est celle que Bresdin lui-même intitulait *Arcachon*, du titre banal d'un lieu qui, sans doute, lui fournit le motif de cette illustration singulière. C'est, en effet, de prime abord, un vulgaire châlet de bains de mer, qu'on a sous les yeux, un chef-d'œuvre de constructeur local, avec, par places, toute la gauche implacabilité d'une épure. Mais cette niaiserie architecturale ne fait que mieux valoir les détails curieux qui, peu à peu, surgissent, troublants et pleins de hantise. Des tourelles s'érigent, des vitraux s'entr'ouvrent, des balcons, tels que des corbeilles, s'emplissent de femmes aux costumes orientaux et aux longs voiles. Des oiseaux voltigent dans le ciel bouclé, et parmi les denses feuillages. Une grille close règne au-devant de l'immeuble de rêve. Sur le premier plan, une pastourelle, sa quenouille à la main, son marmot à ses trousses, garde tout un troupeau de bêtes aumailles et de leurs chiens, d'ânes et de brebis, et tout un poulailler dispersé, jusqu'aux poussins qui viennent d'éclore. Et tout ce monde velu et emplumé, marbré des taches blanchâtres d'une énigmatique clarté qui frappe la façade du châlet comme d'une rongeuse pâleur de clair de lune, se tient aux abords de cet habitacle féérique et bourgeois, prisonnier derrière sa grille.

Je possède une variante du même motif, en laquelle le châlet tourne au castel ; les sultanes y sont devenues des dames à hennin, entourées de seigneurs et de pages ; et, sur le devant, le troupeau de tout à l'heure, a fait place à des cavaliers emplumés, à des varlets sonnant du cor parmi leurs chiens. C'est un moyenageux départ pour la chasse sur l'air de :

> « Assez dormir, ma belle,
> Ta cavale isabelle
> Hennit sous les balcons ; »

mais que sauve de banalité le génie du Maître. Détail curieux : l'épreuve, sur une sorte de faux

vélin, est une de celles mentionnées par Champfleury, tirées au cirage. Elle est datée de 1869.

Viennent ensuite de ces intérieurs Flamands
pleins de jambons suspendus, de chapelets de
saucisses et d'oignons, de claies, d'éclisses et de
volumineux « pots-beurriers » coiffés d'un blanc
papier ficelé, qui s'enfument dans la région
supérieure du dessin. Cent accessoires du dernier fini s'entassent, au-dessous d'une image
de Madone, sur la tablette encombrée et quasi
débordante de cette cheminée de campagne :
miche entamée, chandeliers, quinquet, pipe,
tricot hérissé d'aiguilles. Et, devant l'âtre, une
paisible famille de villageois, auprès du lit
abrité et de son pot de chambre. Bresdin a varié
plusieurs fois cette page domestique.

Passons du réel au mystique, avec une grande
lithographie, de 1883, baptisée par Bresdin : *la
Pêche Miraculeuse.* Au-dessous d'un ciel plein
d'oiseaux, dans lequel toute une perruque
Louis XIV semble s'être débouclée, des montagnes hérissées d'architectures Ninivites. Et, sans
que se délimite la naissance de l'eau ni l'achèvement des récifs, des bateaux ont cargué leurs
voiles, devant tout un peuple en train d'amener
à soi des poissons étranges.

Des pieux sujets, Bresdin semble avoir, entre tous préféré la Fuite en Égypte. Il y voyait sans doute divinisé son propre rêve de familial voyage.

Je possède, en diverses grandeurs, en successifs états de lithographie et d'eau-forte, six variations autour de ce thème. Les jeux du ciel et de l'eau, des rocs, et surtout des branchages, modulent, autour du groupe auréolé, de linéaires symphonies. Les deux plus belles sont d'aspect bien différent : celle-ci, paisible, parmi la luxuriance d'une végétation d'Orient, sous l'entre-croisement noueux des rameaux vêtus de feuilles ; celle-là (l'épreuve d'un noir velouté que Bresdin lui-même dénomma *la Vigoureuse*) triste, en un paysage d'hiver, sous le fer forgé des branchages nus, image de la mort, au-dessus d'un torrent, image de la vie. Il semble que cette gravure soit la reproduction du dessin décrit par le numéro 2, du catalogue cité par M. Fourès.

La *Comédie de la Mort* suit de près et emboîte justement le pas ; moins intéressante, elle fut plus célèbre et plusieurs fois décrite. On sait : des squelettes entourés de larves de Tentations ; masques de rameaux noueux, grimaces de racines, grouillantes bestioles aux impossibles anatomies. Un sage médite en sa grotte, un miséreux s'affale, hébété ; et vainement, Jésus, nimbé et invitant, désigne un ciel trop plein de nuages.

Écoutez encore Huysmans :

« La *Comédie de la Mort*, de Bresdin, où dans un invraisemblable paysage, hérissé d'arbres, de taillis, de touffes, affectant des formes de démons ou de fantômes, couvert d'oiseaux à têtes de rat, à queues de légumes, sur un terrain semé de vertèbres, de côtes, de crânes, des saules se dressent, noueux et crevassés, surmontés de squelettes agitant, les bras en l'air, un bouquet, entonnant un chant de victoire, tandis qu'un Christ s'enfuit dans un ciel pommelé, qu'un ermite réfléchit, la tête dans ses deux mains, au fond d'une grotte, qu'un misérable meurt, épuisé de privations, exténué de faim, étendu sur le dos, les pieds devant une mare. »

Et ce sont encore deux actes, ou deux intermèdes de la même comédie macabre, ces deux feuillets jadis publiés par la *Revue Fantaisiste* : deux chasseurs dénichant sous un buisson où elle se tapit, la Mort, qu'ils destinaient à leur proie ; puis, cette Mort assise, se prêchant elle-même à une femme en train d'allaiter, au bord d'une eau attirante et qui l'invite au suicide. J'ai vu, dans une autre collection, une plus convaincante figure de la Mort, à l'égard de cette

femme ; elle la persuade en lui tenant un éche-
veau allégorique du fil de nos jours. Et quand,
dans une suivante gravure, la Mère s'est pendue
avec son enfant, la Mort s'en réjouit en violo-
nant.

Voici encore un curieux *Combat antique*. Un
César lauré, à cheval, des mercenaires, des prisonniers, toute une forêt d'hommes, de lances et
de casques, traités par Bresdin avec l'enfantine
et méticuleuse virtuosité qu'il apporte au rendu
de ses forêts véritables. Une guerrière orientale, en turban, à cheval, l'épée à la main, dans
un défilé, suivie de peuplades et de troupes.
Enfin, le très compliqué et naïf frontispice de
la *Revue Fantaisiste*.

*
* *

J'ai gardé pour la fin, dans le compte rendu
de cette petite collection, le tirage d'ailleurs récent et défectueux, (d'après une pierre retrou-
vée) d'une lithographie qui me livre la clef d'un
épisode, dont voici le roman comique.

Des circonstances que je dirai tout à l'heure,

m'ont mis entre les mains une bizarre correspondance adressée à Bresdin, par un M. Hippo-
lyte de Thierry-Faletan, demeurant à Paris,
67, avenue Joséphine auteur (!) de fables, qu'il
s'est mis en tête de faire illustrer. M. Dusolier
sert d'intermédiaire; le prix convenu est de
cent francs pour un frontispice, et d'un total
de deux cents francs pour quatre autres dessins. Il est vrai que l'auteur est aussi ignorant
de la syntaxe que de l'orthographe, confond
une apostrophe avec un accent aigu, et rédige
des phrases de cette tournure : « Si le travail
que vous me ferez sera aussi consciencieux que
vous me le dites dans votre lettre, ma conscience
ne me permettrait guère de vous faire tort d'un
centime. »

Une épreuve de la *Comédie de la Mort* est
envoyée par M. Dusolier, au fabuliste, qui
répond à l'artiste : « C'est une fort belle œuvre ;
puissiez-vous, Monsieur, vous inspirer de mes
quelques fables, et me faire d'aussi *jolies* (!)
compositions, et tout aussi bien exécutées. »
Et ce disant, il adresse à son illustrateur une
espèce d'ébauche (car il dessine aussi !) indiquant par à peu près la composition du frontispice.

« Numéro 1.

Un homme étant couché dans un petit bateau,
Amarré sous un saule au bord d'un clair ruisseau,
A différents poissons tendait un certain piège
    Soutenu par un mince liège.....

« Numéro 3.. — La fable n'étant pas encore faite je ne vous envois *(sic)* qu'un sommaire du sujet; ainsi il faudra représenter deux nègres en pantalons rayés et grand chapeau de paille, l'un d'eux travaillant à la terre, l'autre, encore dans le lointain, arrive avec une béquille, le bras en écharpe, et les vêtements en lambeaux.

« Numéro 4. — Ici, représenter un train de chemin de fer sortant d'un tunnel et glissant sur une voie soutenue par un mur en maçonnerie.

« Numéro 6. — Ici il faudrait représenter l'entrée d'une caverne, ou vaste grotte, dans laquelle on verrait des oiseaux de proie, comme milans, buses et faucons, en train d'égorger une compagnie de pigeons. Un corbeau doit sortir de la grotte en s'envolant.

« Numéro 7. — Le bloc de marbre... Vous pouvez représenter ce bloc de marbre fendu par

le milieu, ou disjoint; mais je pense que, comme
il servirait pour le titre du livre (il serait nécessaire), de ne pas le trop disjoindre, afin de pouvoir y lire facilement ce titre : Fables par
H. T. F. [1] »

Or, dans la descriptive énumération des dessins de M. Capin, citée par M. Fourès, nous
lisons :

« Frontispice; il est bordé de branches entre-
lacées où grimpent des écureuils et où se
glissent des serpents, avec deux chiens à l'extrémité. Au milieu, assis sur une large pierre, un
poète tient un livre à la main, bouche ouverte,
la dextre en avant et portant une escarcelle à sa
ceinture; sur la pierre on lit : Fables, par T. F.
1868. Rodolphe Bresdin. Au-dessus, sur un pont
passe un express. A gauche et au bas, un pêcheur
à la ligne tient un poisson à la main. A droite,
un homme va devant une paire de bœufs; un
cavalier vient derrière lui. Hautes montagnes. »

Voilà donc notre frontispice. Quant au jugement qu'il inspire à l'étonnant La Fontaine, le
voici formulé dans une lettre de lui, datée de
1868 :

---

1. Cette lettre est datée du 22 mars 1868.

« J'arrive de voyage, et je viens de voir le frontispice, j'en apprécie tout le consciencieux de l'ouvrage, etc... quant au personnage que vous avez introduit, le jeune homme assis sur le bloc de marbre, je n'en ai pas saisi la nécessité; *pourquoi lui faites-vous tenir un poisson?...* »

Et, plus loin :

« J'approuve la disposition que vous donnez aux sujets formant le frontispice, sauf quelques petits détails. Le paysan se sauvant sur son âne, et le pêcheur volé, n'étant qu'une seule et même fable, il est fâcheux que vous ayez placé entre ces deux sujets, celui des nègres planteurs. Ensuite n'oubliez pas, *et cela est un point essentiel*, l'un des deux nègres est, seulement, estropié, et les habits déchirés; l'autre au contraire travaille, et tout en lui doit exprimer le bonheur et l'aisance. »

Ces fables, la correspondance nous en livre trois, tout au long. Je me dispenserai d'en faire autant; les quelques vers cités plus haut donneront le ton de ces apologues, comme la mesure de cette prosodie, et les commentaires seuls sont pour nous d'un instructif attrait. La première fable adressée à l'illustrateur a pour titre bien venu : *Le Diplomate et la Fourmilière.*

« J'ai l'avantage de vous adresser ci-jointe une de mes fables, pour qu'en en prenant connaissance, vous vous inspiriez à faire un des quatre dessins convenus. Selon moi, il y a de quoi faire un superbe paysage d'automne, sous bois ou autrement (en Europe, bien entendu) avec un grand beau chêne ; je laisse d'ailleurs à votre riche imagination de le peupler d'insectes et d'animaux ; parmi ceux-ci, des lapins, castors, écureuils, lézards, hérissons, etc... ; mais pas de gros gibier. Quant à l'action à représenter, ce serait au moment où le personnage, en costume de chasse, s'arrête pour contempler la fourmilière. Ayez soin de figurer un corbeau qui, du haut de l'arbre, contemple le diplomate et semble n'attendre que son départ pour fondre sur la fourmilière. »

Comparez le numéro 7 du catalogue de M. Fourès : « Dans un bois, un chasseur tient son fusil par le canon, etc... »

Voici ensuite : *Le Papillon et la Mare.* Un papillon attiré par une fleur d'eau, risque de se noyer dans la boue.

« Je pense — reprend notre fabuliste — que vous saurez tirer grand parti de ce petit sujet allégorique, dont vous aurez facilement saisi la morale, et vous en ferez, j'en suis certain, une poétique composition... Il faudrait représenter un joli paysage dans une vallée, avec la mare sur le premier plan, et dans le lointain, des montagnes ; le ciel sans nuages. A l'exception de la mare et de ses abords, la campagne devrait être d'un aspect riant, beaucoup de fleurs, de papillons, etc... Il faudra représenter dans la mare ou sur ses bords, toute sorte de petits animaux tels que crapeaux (*sic*), grenouilles, petits serpents, rats, lézards ; et, dans les branches de quelques saules rabougris et grimaçants, comme ceux de votre *Comédie de la Mort*, il faudrait mettre de grosses araignées dans leurs toiles, ainsi que quelques chauves-souris, cachées dans quelques crevasses de troncs, ou des hiboux. Il s'agit enfin de faire opposition avec le riant du reste de la campagne, et représenter une nature-morte désolée, triste et pleine de terreurs et de pièges cachés. Au milieu de la mare, il faudra sur un lit de feuilles larges, et à fleur d'eau, représenter une belle fleur épanouie. Je laisse à votre idée le moment à saisir et à représenter, soit l'instant où le papillon tombe dans la mare, près de la fleur, soit quand, arrivé sain et sauf sur les bords, il s'envole. Dans tous les cas, il faudrait pouvoir exprimer soit la joie, soit le dépit qu'éprouveraient les animaux malfaisants de la mare, et même donner une expression en rapport avec la situation aux arbres auxquels vous savez si bien donner une physionomie caractéristique. »

Or la planche exécutée d'après ce dessin est celle que je possède, et qui nous a menés à cet épisode. Je l'ai dit, le tirage récent en est défectueux, mais on y reconnaît fort bien le résultat des volitions de l'infatigable exigeant. La fleur centrale est mal venue, et le papillon joue un rôle si accidentel qu'on le distingue à peine ; mais les branches sont vraiment grimaçantes, comme il est écrit, et les aquatiques animaux grouillent dans ce cloaque.

C'est, sans nul doute, l'original du dessin inspiré par la fable suivante, *Le Dindon et les Paons,* que nous retrouvons daté de 1868, dans la collection de M. Capin, toujours selon le catalogue cité par M. Fourès :

« Une dizaine de paons, perchés sur de vieux troncs d'arbres, regardent, au-dessous d'eux, un dindon rouant, et qui semble vouloir les dépasser en beauté. Deux paons sont sur le sol, en face de l'orgueilleux et paraissent le narguer. » Suivons bien notre La Fontaine :

« Je laisse à vous, monsieur, de choisir le moment à représenter dans le dessin. Je pense que le plus caractéristique serait le dernier épisode de la fable, celui où tous les paons, les uns traînant leur queue, les autres en la déployant, regardent dédaigneusement le dindon qui avance fièrement parmi eux. Vous pouvez mettre la scène sur la terrasse d'un château ou d'un palais, ou bien dans un beau jardin, les paons se promenant, ou restant perchés sur des balustrades, sur de grands vases. »

Enfin, la fable intitulée *la Baleine et les Poissons* est accompagnée de cette lettre (le 11 mai 1868) :

« Monsieur, je vous ai donné cette fable tout au long, afin que vous en approfondissiez bien toutes les nuances (!), toutes les situations (!) et que vous choisissiez ainsi l'instant le plus approprié pour votre composition ; je vous laisse toute liberté d'allure, seulement, d'après moi, le moment à représenter serait celui où les poissons arrivent en masse près de la baleine ; celle-ci devra être représentée à demi-corps, hors de la mer, lançant deux gerbes d'eau de ses naseaux. Il va sans dire que les vagues doivent être fort agitées par la tempête ; dans le lointain, un ou deux vaisseaux en danger de naufrage ; la pluie tombe, et un éclair sillonne le ciel. Dans un coin du tableau il faudra placer un rocher sortant de l'eau, etc... — Vous pourriez vous rendre chez un libraire de la ville et lui demander le livre de M. Louis Figuier, traitant des poissons, reptiles, oiseaux, etc... — Vous y puiseriez une foule de modèles de poissons pour le tableau, ainsi que des reptiles à introduire dans *Le Papillon et la Mare,* etc., etc... »

Rapprochez du n° 6 du catalogue de M. Fourès : « Au pied d'une falaise très élevée est une énorme baleine. Des poissons très nombreux semblent attirés vers elle. »

L'intègre Bresdin répond d'abord fort honnêtement, docilement, douloureusement :

Paris, le 18 avril 1868.

« Mon cher Monsieur,

« Je m'empresse de répondre à votre lettre, d'autant plus que je suis en retard sur le travail que je dois faire pour vous. Il serait plus avancé, si malheureusement le malheur ne se jouait de moi. Après les couches de ma femme, les yeux vinrent malades ; depuis quelques jours, j'ai un rhumatisme aigu dans une épaule, avec atteinte dans l'autre. J'éprouve de telles douleurs qu'il m'a été impossible, depuis plus de huit jours, de faire quoi que ce soit. Ce qui fait que, malheureusement, vos dessins n'ont pas été plus avancés, et ne sont même pas commencés, sauf le frontispice où il y a encore beaucoup de travail à faire. Je vais un peu mieux, et vais me dépêcher de le terminer. Je n'ai donc pas encore, comme vous me le demandez, commencé la fable du *Diplomate et des Fourmis*. — De plus, quant au frontispice, *j'y ai fait entrer toutes les choses que vous me demandez.* »

Pour cent francs !

Le Mécène riposte par la commande d'un sixième dessin, lequel devra représenter « une réunion d'animaux tels que lion, tigre, léopard, ours, panthère, loups, rhinocéros, renard, etc... » (toujours tout ça pour cinquante francs), et il annonce « des remaniements fort importants dans *le Diplomate et les Fourmis.* »

Bresdin commence pourtant à se fatiguer de tout ce verbiage. Le 29 juin 1868, il écrit de Bordeaux :

« Monsieur, vous n'avez pas compris ma lettre dernière... je vous ai dit déjà plusieurs fois que cela m'était égal de faire tel ou tel sujet. Comme vous m'avez interrompu plusieurs fois pour me dire d'en référer à vous... ayant toujours des changements, des corrections à faire, ne soyez pas étonné si je n'avance pas et si j'attends que vous me donniez chaque fois le sujet que vous préférez vous-même. »

En réponse, l'auteur du *Diplomate* se fâche à son tour, se gonfle, fait le dindon, met en avant ses hautes relations qui eussent pu profiter à un Bresdin plus souple. Puis il s'amende : « Vous avez tort de vous fâcher, je n'ai pas eu l'inten-

tion de vous froisser... » Et les travaux repren-
nent... et le bavardage :

« Au moment même où ma lettre était à la poste, je
m'aperçois de mon erreur en vous parlant de canard au
lieu de dindon ; mais persuadé que vous feriez abstrac-
tion de cette confusion, je ne vous ai pas aussitôt écrit
pour vous rassurer. Vous voilà maintenant fixé. — Puisque vous recommencez le dessin du *Papillon,* je me per-
mets de vous adresser un projet de disposition... Souve-
nez-vous du ciel sans nuages, et quant au papillon, il
devrait être légèrement posé sur l'eau, et comme se dé-
battant et faisant des efforts pour sortir de la mare sans
se souiller au contact impur et suicidial (!) de l'eau cor-
rompue, dans laquelle s'étale la belle fleur aux reflets
d'albâtre qui l'a tenté. Touts (*sic*) les animaux malfaisants
ou autres que vous mettrez dans la mare devront con-
verger leur attention sur le papillon. Donnez aux saules
des figures diaboliques comme dans votre dessin de la
Comédie de la Mort. La végétation, par opposition à la
fleur qui, d'un beau blanc, s'étale, ou se dresse de la
mare, devra paraître quelque peu fanée et desséchée.
N'oubliez pas que la scène se passe pendant les chaleurs
de l'été, et dans un climat méridional... »

J'ai transcrit ce petit procès par le menu en
l'élucidant de mon mieux, parce que, sous sa
niaise apparence, il est fort édifiant ; on lui
pourrait donner comme épigraphe, cette réflexion d'un penseur contemporain : « Le monde
nous est parfois révélé par ses interprètes les
plus lourds. » Voyez cet amateur plus qu'inha-

bile, et plus que tatillon, dont la vanité s'enfle à
l'idée de se voir illustré par ce graveur qui
donne aux branches une physionomie ; et le
voilà tel qu'un taon autour de Bresdin, à le
piquer deci, delà, des plus sottement dans la
forme, des plus salutairement quant au fond,
puisqu'il en résulte les beaux dessins de la collection Capin, entre lesquels, particulièrement
celui des paons doit être admirable.

Maintenant le fol Thierry en a-t-il été pour
ses avis, et pour un *sic vos non vobis* finalement murmuré ?... En un mot, le recueil de
fables a-t-il paru illustré par Bresdin ? Je l'ignore
et j'en doute beaucoup ; mais je laisse à quelque bibliophile vétilleux cette solution finale.
M. Aglaüs Bouvenne a publié un catalogue de
l'œuvre gravé de Bresdin ; il comprend 61 nu-
méros et fait mention de trois des lithographies
du livre de fables.

Je pourrais décrire encore quelques gravures
admirées dans des collections étrangères, mais
l'inspiration n'en diffère pas sensiblement de
celles que nous avons examinées, et je ne veux
pas étendre hors de proportions cette longue
étude.

*
* *

Aux écrivains déjà mentionnés pour s'être occupés de Bresdin, il sied d'ajouter Cladel qui, dans *Urbains et Ruraux,* a consacré un chapitre à Bresdin, sous ce titre : *Sous-cantonnier de l'Arc-de-Triomphe.* Paul Arène dans *Un Vieil Artiste,* le chapitre qu'à son tour, il consacre à Bresdin, en son *Paris-Ingénu,* certifie le fait qui sert de thème aux variations de Cladel : « En 1880, l'année du rude hiver... alors que, presque aveugle, il (Bresdin) était réduit, pour gagner sa vie, à raccommoder, sous un hangar ouvert à tous les vents, les outils des ouvriers occupés à balayer la neige des rues. » — Un petit article signé *Nives,* dans *L'Art Français* du 12 janvier 1878, fait discrètement appel à la charité, en faveur de Bresdin, et précise le détail : « Bresdin, l'auteur du *Bon Samaritain* et de la *Fuite en Égypte,* Bresdin est balayeur ! Vous avez bien lu : balayeur... » — *Væ Victis,* dans un autre volume de Cladel : *Raca,* traite encore de Bresdin.

Le 13 janvier 1885, Monsieur Henry Fouquier

consacre, lui aussi, dans *L'Événement*, à la mé-
moïre de Bresdin, un bienveillant commentaire.

Les éléments de ce travail étaient rassemblés,
quand il m'a été donné d'apprendre l'existence,
et de faire la connaissance de Mademoiselle
Rodolphine Bresdin, fille aînée et préférée du
graveur. Malgré les irréparables dissensions
qui divisaient alors le ménage de ses parents,
elle rendit à son père, dans Sèvres, une visite
indiquée au cours de l'étude de M. Fourès.

J'ai vu moi-même, chez Mademoiselle Bresdin,
d'étonnants albums dont elle a patiemment et
pieusement réuni les éléments divers. Lithographies et eaux-fortes s'y entremêlent de magnifiques dessins dont, à mon sens, voici la
provenance. Je ne tiens aucun d'eux pour un
original proprement dit, et tel est aussi l'avis de
Mademoiselle Bresdin.

Au moment de livrer un de ses dessins à la
plume, l'auteur en prenait un calque, aussi
fouillé que le modèle, à en juger par ces spécimens. C'est une grande partie de ces calques
dont la fille du graveur possède la collection.
Elle est extraordinaire, et peut, et doit servir
de prétexte à réunir autour d'elle, quelque pro-

chain jour, une exposition de l'œuvre de Bresdin, sur laquelle le moment est plus que venu d'attirer l'attention du public artiste.

Les dessins de M. Capin, et ceux qu'on pourra çà et là se procurer, dans quelques rares cabinets d'amateurs, formeront, avec les lithographies et les eaux-fortes prêtées par tel ou tel, un ensemble respectable quant au nombre, mais bien principalement, quant au prestige. Ce qu'on verra dans ces dessins, ce seront les variations des thèmes que j'ai indiqués, mais infiniment plus précieuses ; de vieilles villes aux pignons historiés et mystérieux, et dont les clochers, pareils à des index aigus et levés, semblent dévider des nuages ; des montagnes, des défilés de maisons ; et devant, et parmi, sous d'étranges parasols, des foules lilliputiennes, des forêts pleines d'horreur sacrée, des paysages hantés de guerriers : Schamyl, qui fut un héros de Bresdin ; de plus anciens combats : des chars gaulois, la bataille d'Ascalon.

Et, sur l'eau, ce sont les mâts qui s'érigent, tels que les clochers de la verte et mouvante cité des vagues. — Puis, au-dessus de toutes ces choses, la Mort planant, l'inévitable persuasive, l'universelle réconciliatrice que, sans nul doute, l'artiste envisage, selon la belle figure de Madame Valmore, comme

> « ...cette cueilleuse d'âmes,
> Ne les moissonnant pas pour en tuer les flammes,
> Mais pour les délivrer de leur lourd vêtement,
> Comme on ôte le sable où dort le diamant. »

Et le visiteur, souvent charmé, toujours fasciné, devant la révélation de ces dessins qui n'ont d'équivalent que dans certains tracés médiumniques, de ces dessins que l'on comprend mieux en sachant que l'auteur restait parfois de longues heures à contempler les araignées tissant leur toile, s'ébahira une fois de plus au souvenir de celui qui fut l'Ixion du « Moëllon lithographique ».

« Je roule cette pierre depuis cinquante ans » a-t-il écrit sur un rocher qui occupe le centre d'une de ses compositions. Daniel qui habita un temps, rue Fosse-aux-Lions, mais qui, toute sa vie, fut livré aux bêtes. Artiste que Gautier eût rangé parmi ses *grotesques*, Vallès, parmi ses *réfractaires*, Verlaine, entre ses *maudits*, et que j'intitule, moi, le *Job du Burin*.

Quant à son caractère, d'une pure rusticité bonasse et naïve, il l'assimile, sur de certains points, au frère Junipère des *Fioretti*, ou encore au Saint-Joseph de Cupertino des *Physionomies de Saints*.

J'ai, devant moi, deux portraits de Bresdin, en des temps meilleurs ; l'un, une gravure de M. Aglaüs Bouvenne, présente une tête de reître, à la barbe touffue, au crâne socratique, assez semblable au Verlaine des dernières années. L'autre, bien préférable, une photographie du bonhomme, assis, jambes croisées, en attitude familière, sous son paletot de grosse étoffe, son pantalon à carreaux, sa pipette à la main, la tête débonnaire et volontaire, paysanne et fine.

Ixion a cessé de rouler sa pierre, à Sèvres, le 11 janvier 1885. Daniel s'est évadé hors de cette fosse aux lions que fut pour lui l'existence humaine. Job a rendu le dernier soupir dans un grenier de quarante mètres de long, où il s'efforçait d'acclimater la nature, et dont il affirmait avec orgueil, pour exalter les proportions d'un tel logis, qu'on ne saurait s'y asphyxier, à moins de vingt-cinq francs de charbon.

Son voisin, M. Henri Boutet, nous a légué une triste image de Bresdin sur son grabat de mort. C'est en un coin de grenier sordide, un lit, ou plutôt un coffre en planches ; et dedans, la dépouille : une sorte de vieux marmot barbu et chauve, une poupée en guenilles, aux me-nottes non rejointes. La paillasse est houleuse, le lit, trop court ; des hardes y sont accrochées. Par terre des sabots, une canne, une casserole, une caisse, un casque tonkinois frappé de coups d'ombre et de clarté par une lumière de chandelle.

Ce dessin a été racheté le 28 janvier 1891, Rue Drouot, dans la vente de Champfleury, qui a bien pu supporter la vue d'une telle image de *sa victime* ; Champfleury qui, alors *directeur de la Manufacture de Sèvres*, daigna suivre en la compagnie de MM. Cladel, Bracquemont, Boutet, et de quelques terrassiers, le convoi de l'homme dont il était convaincu d'avoir fait la célébrité...

Il lui devait sa fortune.

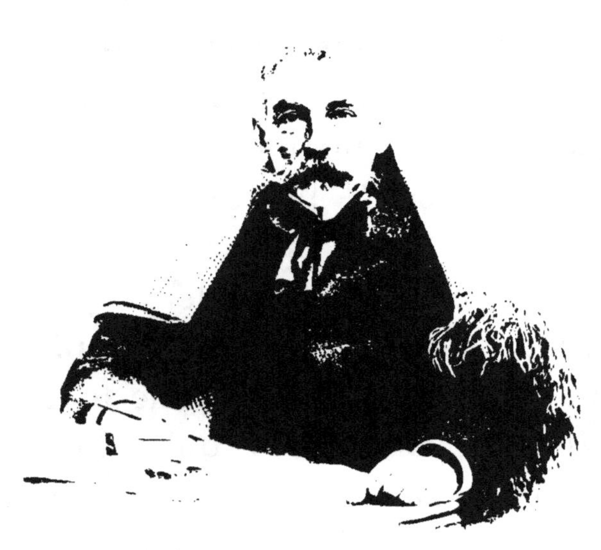

Stéphane MALLARMÉ
1842-1898

III

La Porte ouverte
au Jardin fermé du Roi

Stéphane Mallarmé

« Aidons l'hydre à vider son brouillard. »

MALLARMÉ.

« Mon cher ami,

« Mallarmé vient aujourd'hui à 3 h. 1/2 à l'atelier, Rue de la Sorbonne, voulez-vous y venir ?

Tout à vous,

Chaulnes.

Jeudi matin. »

Ce billet conservé par moi, et tracé par Paul de Chaulnes, au-dessous de l'A patronymique des d'Albert et de la couronne ducale, vainement je m'efforce d'en préciser la date manquante, qui ne peut être ultérieure à 1879, mais qui doit être antérieure à 1878, je pense, ou 1877. En voici la genèse. Jeune alors, et très féru de poésie parnassienne, j'en étais à mes premières rencontres sur la route du Parnasse contemporain, avec le Sphinx-Mallarmé (je parle de son œuvre) dont l'énigme me semblait, entre toutes, surexcitante. Comme je discourais de lui, un soir, dans une réunion mondaine, j'eus l'agréable surprise d'apprendre que le mystérieux poète fréquentait chez Charles Cros, en train, lui-même, de chercher, pour le Duc de Chaulnes, la photographie des couleurs.

Je n'eus garde de manquer au rendez-vous offert, où je fis la connaissance de l'homme remarquable et singulier, duquel de fort exactes descriptions ont été tracées.

De jeunes hommes, à peine, en ce temps-là, des adolescents, depuis devenus des élèves de ce même Mallarmé, ont fait, lors du trépas de ce Maitre rare, résonner autour de son monument, des nénies bien inspirées. J'en veux tout d'abord extraire quelques accords expressifs de cette manière d'être extérieure de l'individu, qui fut, chez celui-ci, partiellement représentative de son art : « Une voix douce, musicale, inoubliable », écrit Monsieur André Gide. « Son aspect, ajoute Monsieur Albert Mockel, était de simplicité, de franchise et même de familiarité, ennemi de toute pose et de tout geste dramatique. » Et plus loin : « Un geste léger qui commentait ou venait souligner un beau regard doux comme celui d'un frère ainé, finement sourieur mais profond, et où il y avait parfois une mystérieuse solennité. » Monsieur Mauclair est plus étendu : « sa taille moyenne, son air simple d'homme grisonnant et d'une mise absolument sobre (toujours une Lavallière noire sur un veston noir), il parlait de cette voix lente, chantante et sourdement voilée... comme dans une église, avec une solennité atténuée. On voyait pourtant un homme de bonne humeur et de simple abord, ni gourmé, ni pompeux, ni précieux... » — « un peu de prêtre, un peu de danseuse », écrit à son tour, du geste de Mallarmé, un des hommes qui l'ont le mieux connù, Georges Rodenbach, « l'aigu et fluide enchanteur des *Vies Encloses* », selon une expression de Mallarmé lui-même.

Voilà pour le personnage, en quelques traits exacts, sommaires et corrélatifs, *de visu* observés, puis notés de souvenir par des assidus, moins empressés, ce semble, en de funèbres instants, à nous renseigner sur son œuvre qu'à varier sentimentalement les tristes discours, « que leur met en esprit l'amitié » scolastique :

« on a tout le temps désormais pour parler de
son œuvre ; ceux qui viendront après nous
pourront mieux en parler encore... » formule le
premier ; et le second : « d'autres analyseront
son art si noble », ce qui n'empêche pas Monsieur Gide de nous parler excellemment de « l'effrayante densité que laisse aux mots (dans ces
écrits de Mallarmé) la méditation intérieure », et
Monsieur Mockel de définir avec exactitude cette
« pensée dont il (Mallarmé) restreignit l'ampleur,
en apparence au moins, et à dessein comme
pour en aiguiser mieux la pénétrante vigueur » ;
aussi, cet « art hermétique et distant » qui « choisit des paroles plus mystérieuses pour n'être
point tenté d'avilir son art » en des temps qui
n' « accueillent avec joie que les formes les moins
nobles » de la poésie. Mais à peine d'exemples,
au cours d'une étude presqu'uniquement théo-
rique, pleine d'ailleurs de subtils aperçus, d'ingénieuses interprétations de l'art de Mallarmé,
et que couronne, avec ce mot sincère sur
l'homme : « il forçait à aimer plus qu'on n'avait
admiré », un très noble vers inconscient, un de
ces alexandrins qui se glissent parfois à leur
insu dans la prose des poètes : « Le cœur qui
sait aimer, le front qui sait comprendre. » Heu-

reux déjà qui a su inspirer et mériter le double ex-voto d'un tel éloge !

Monsieur Mauclair, une fois épanchée, poétiquement et affectivement, la funéraire libation de son personnel regret, nous livre de caractéristiques formules de l'art de son Maître : « Le langage parlé, à ses yeux, n'avait aucun rapport avec le langage écrit » et il demeurait « courbé sur un manuscrit jusqu'à ce qu'il ne restât qu'une condensation de rêve et de style. » Des citations développées et bien choisies viennent corroborer ces justes expressions, de « leur syntaxe elliptique et très concentrée ». Le *démon de l'ellipse,* ce mot avait déjà été prononcé assez anciennement, sur le propos de Mallarmé par un physiologiste qui, naturellement, en conclut à une forme de l'aphasie.

Je préfère les conclusions de nos jeunes [1] commentateurs, plus poétiques, plus respectueuses, peut-être plus vraies, en tout cas plus touchantes, de ce désir d'admirer au moins autant qu'on avait aimé, cette œuvre dont nous entendons Monsieur Gide nous affirmer qu'elle « s'illumine tout entière à qui veut bien la pénétrer

---

1. Ils ne le sont plus. C'est dire l'âge de cette étude.

intimement, lentement, pas à pas, comme on entre dans le système clos d'un Spinosa, d'un Laplace, ou dans une géométrie. » Je goûte fort aussi cette réflexion de Monsieur Mockel : « Qu'on ne soutienne pas que cela n'est point de la langue la plus strictement Française. Les grammairiens n'ignoraient aucune de ces tournures qui mirent tant de gens en désarroi, car ils leur ont donné des noms : l'ellipse, la synchise, l'apposition, la syllepse, l'anacoluthe, et l'on peut croire qu'ils n'auraient pas inventé des mots de cette espèce, si l'on n'en avait eu besoin. »

Examinons la question à notre tour, et cherchons à la circonscrire : le but de toute lecture étant d'instruire et de faire réfléchir, bien avant que de divertir, tout lecteur qui se laissera rebuter par l'érudition enseignante et la précieuse linguistique de la *Tentation de Saint Antoine* ou d'*Émaux et Camées*, par exemple, méritera pour le moins, le titre d'illettré, sans conteste. On n'en pourrait dire autant du lecteur rebuté par l'essai de lecture d'une œuvre de Mallarmé ; ce *distinguo* est nécessaire. L'ayant établi, il serait indigne de la plus élémentaire bonne foi critique de ne vouloir voir (ainsi qu'on l'a insinué) que d'arbitraires farceurs ou de congénères déments, je ne dirai pas dans les fanatiques du genre (je ne sais s'il en existe, je n'en ai pas rencontré)[1] ; mais dans ceux qui justement affirment, au cours de la difficultueuse et souvent inextricable lecture de Mallarmé, découvrir fréquemment, si ce n'est la plupart du temps, un sens non facultatif, mais indubitablement absolu, maintes fois plein de beauté, de grâce, de profondeur. Qu'il ne se découvre qu'à travers circonvolutions et circonvallations, qui songe à le contester ? Pas plus qu'à en infliger la lecture aux amateurs du *style coulant* ou, à ces producteurs *naturellement compliqués*, si justement définis par Gautier dans la préface des *Fleurs du Mal,* de nous offrir leur pensée tout couramment éclose dans la langue fluide de George Sand. Mais puisqu'il se trouve tant de chalands pour l'*écriture* diluée, tant de poètes et de prosateurs pour les satisfaire, on reconnaîtra bien aux écrivains alambiqués et aux lecteurs de même acabit, le droit de se rencontrer et de se complaire. Surtout, puisqu'en fin de compte, je l'ai dit, le sens poursuivi finit

---

1. Ils ont fait leur apparition.

presque toujours par se livrer, légitimant ainsi
jusque dans leur obscurité maintenue, une foule
d'obstructions pleines de promesses. Qui sait si
l'actuelle incompréhension ne les maintient pas
ainsi comme des réserves de langage, pareilles
à ces névés faits de neiges éternelles, dont Miche-
let prétend qu'ils demeurent là comme des
sources prêtes à irriguer le genre humain après
des saisons de sécheresse mortelle. Un jour
ainsi, quand le courant de la littérature incolore
aura emporté et dissipé toutes les idées-mères,
on verra fondre et se dissoudre ce langage saturé
de concepts, dont la quintessence redonnera du
ton aux veules phraséologies.

Je ne disconviens pas qu'un cataclysme de
bibliothèque n'y soit peut-être nécessaire ; quelques suppressions, par des incendies de librairie,
secondés par des disparitions de texte, aboutis-
sant à une de ces formes, de ces tailles tardive-
ment infligées, du fait d'un destin ingénieux, à
des œuvres nativement touffues. Publius Syrus
offre un exemple éminent de cette adaptation
fatidique et posthume. On sait que ce latin auteur
de nombreuses comédies ne se survit qu'en
fragments émiettés vers par vers, lesquels composent une collection d'aphorismes d'une pure

beauté, que peut-être n'aurait pas revêtue à nos yeux l'œuvre totale. Je ne pense pas avec certains que Mallarmé, mort à près de soixante ans, ait été enlevé trop tôt pour avoir accompli son œuvre. Je crois que cet accomplissement, loin d'être parfait par adjonctions, ne pourrait plus, comme à l'œuvre de Publius Syrus, qu'être effectué par des suppressions (Mallarmé n'aurait pas désavoué ce mot), résultant de *crises*.

J'ai prononcé à propos de l'art de ce poète, deux mots qui le caractérisent bien : alambic et quintessence. Abstracteur de quintessence, s'il en fut jamais ! c'est pour cela qu'il m'a plu donner à cette Étude sur cet alchimiste du verbe, ce titre qui lui convient si éminemment, et que j'emprunte à un antique bouquin d'alchimie déniché dans la bibliothèque de mon savant ami, le Professeur Robin, — qui fut aussi l'ami de Mallarmé : *Janua aperta ad hortum regis conclusum :* La Porte ouverte au Jardin fermé du Roi.

Tentons une excursion dans ce labyrinthe. Je le comparerais volontiers à un jardin *à la Française ;* et cette comparaison me mettrait d'accord avec ceux de ses commentateurs qui revendiquent hautement pour son art ce brevet de nationalité et ce titre d'origine. Les ormes et les ifs taillés, les uns en forme d'arceaux, les autres en guise de pyramides, n'en sont pas moins des arbres vivaces, des arbustes à feuilles persistantes. Savamment émondées par la rhétorique, les phrases de Mallarmé n'en composent pas moins des poèmes pensifs, des proses pleines de sève, pleines de rêve et l'on peut dire des tableaux qu'il exécute, comme le fait justement un des écrivains cités plus haut : « Les couleurs y sont toutes contenues, mais de manière qu'on les découvre dans la transparence, et sans qu'un relief les trahisse. »

J'ajouterais, pour reprendre ma comparaison de cette littérature, aux névés, que sous leur forme frigide, les idées y paraissent circuler, telles que des poissons sous la glace.

La même similitude nous reporte vers les sommets : la raréfaction des idées est proche de la raréfaction de l'air ; la condensation des formes, si opaque ici pour la plupart, chose curieuse, évoque fréquemment, chez les initiés, une vision de blancheur, en même temps que de transparence. La raison est que l'obscurité de Mallarmé, ne réside pas dans le choix des mots, tous élus parmi les plus simples, sans recherches de néologismes ni d'archaïsmes, mais dans leur agencement. Des esprits experts en anglicismes, et c'était aussi l'opinion de Rodenbach, prétendent retrouver des tournures anglaises dans la syntaxe de notre auteur, et attribuent à l'enseignement quotidien de l'anglais qui fut, on le sait, sa très digne vie durant, le plus clair gagne-pain de Mallarmé, la déroutante structure de ses phrases.

Je ne crois pas [1] pourtant qu'il y ait lieu de l'attribuer à l'*Euphuisme* proprement dit, et d'établir une parenté entre l'auteur de *l'Après-midi d'un faune,* et *Euphues,* le héros de John Lillie, pas plus qu'avec Piercy Schafton, portrait de ce dernier par Walter Scott. Amado, sa caricature Schakspearienne, n'offre en ses *concetti,* d'autre ressemblance avec Mallarmé que de faire dire de lui par les pédants et par les princes, comme de ce Seigneur : « Il est trop précieux, trop orné, trop affecté, trop bizarre pour ainsi dire... le fil de sa verbosité est plus fin que les termes de son raisonnement. J'abhorre ces raffinés fanatiques... Quelle est la plume de paon qui a rédigé cette lettre, quelle est la girouette, quel

---

1. Je suis même persuadé du contraire.

est le coq de clocher qui en est l'auteur? Avez-vous jamais entendu quelque chose de plus drôle?... Cet homme sert-il Dieu?... Il ne parle pas comme une créature de Dieu. » — Lecteurs malévoles qui ne manqueraient pas aujourd'hui d'appliquer à Mallarmé l'apostrophe d'Hugo : « Prends garde à Marchangy!... »

« Tu crois être Ariel, et tu n'es que Vestris ! »

*
* *

Abordons à notre tour le sphinx. Ses premiers mots sont intelligibles : en voici des plus gracieux :

« Imiter le Chinois au cœur limpide et fin,
De qui l'extase pure est de peindre la fin,
Sur ses tasses de neige à la lune ravie,
D'une bizarre fleur qui parfume sa vie
Transparente, la fleur qu'il a sentie enfant,
Au filigrane bleu de l'âme se greffant.
...je vais choisir un jeune paysage
Que je peindrais encor sur les tasses, distrait.
Une ligne d'azur mince et pâle serait
Un lac, parmi le ciel de porcelaine nue,
Un fin croissant perdu par une blanche nue

Trempe sa corne calme en la glace des eaux
Non loin de trois grands cils d'émeraude, roseaux. »

Ce sont, à mon avis, les plus réussis, les plus personnels, parmi les vers de la première manière du poète. Ils terminent le plus clair de son œuvre, parue dans l'année 66 du *Parnasse Contemporain,* et couronnent la dernière d'une dizaine de pièces d'inspiration et de facture assez Baudelairiennes.

J'en citerai intégralement ce sonnet à la sœur de Celle qui est trop gaie :

A CELLE QUI EST TRANQUILLE

« Je ne viens pas ce soir vaincre ton corps, ô bête
En qui vont les péchés d'un peuple, ni creuser
Dans tes cheveux impurs une triste tempête
Sous l'incurable ennui que verse mon baiser.

Je demande à ton lit le lourd sommeil sans songes
Planant sous les rideaux inconnus du remords,
Et que tu peux goûter après tes noirs mensonges,
Toi qui sur le néant en sais plus que les morts.

Car le Vice, rongeant ma native noblesse,
M'a comme toi marqué de sa stérilité ;
Mais tandis que ton sein de pierre est habité

Par un cœur que la dent d'aucun crime ne blesse,
Je fuis, pâle, défait, hanté par mon linceul,
Ayant peur de mourir lorsque je couche seul. »

Voici, maintenant, quelques vers isolés, relevés, parmi ceux qui me semblent devoir se parfiler, un jour, en l'anthologie de notre Syrus, dans le sonnet *Vere novo* :

« Puis je tombe énervé de parfums d'arbres, las
Et creusant de ma face une fosse à mon Rêve... »

Encore, ce vers où *l'Azur* s'obstine à percer l'enveloppant plafond de ténèbres, tramé par les nuages et les fumées :

« Les grands trous bleus que font méchamment les oiseaux. »

Et, dans la pièce *Les Fleurs* :

« Pour le poète las que la vie étiole. »

N'est-il pas poétique, cet ennui des jours casaniers, lequel

« Croit encore à l'adieu suprême des mouchoirs »,

non moins que ce doux front *taché de son*, dans lequel le rêveur peut bien voir

« Un automne jonché de taches de rousseur » ?

Voici maintenant, au cours du volume de vers, en un poème d'âpre et nerveuse allure, les douloureux et risibles martyrs du *Guignon* :

« Désolés sans l'orgueil qui sacre l'infortune,
Égaux de Prométhée à qui manque un vautour. »

Viennent ensuite deux poèmes de plus longue haleine. Le premier est, on peut dire *le célèbre*[1] poème d'Hérodiade, vraiment un Gustave Moreau en vers, avec ce mérite de ne pas s'être inspiré du peintre. L'héroïne de Mallarmé confère au type biblique ce rajeunissement de l'hybrider du païen Narcisse. Oui, c'est bien une sorte de Narcisse féminin que le personnage ainsi présenté de la danseuse des Livres Saints, un peu parent aussi de la Salammbô de Flaubert. Il me semble, et cette explication me paraît tout à fait nécessaire pour s'accorder avec la propre version de Mallarmé sur le sens de son personnage, que cette Hérodiade nous offre un composé des deux femmes de Machœrons ; non seulement Hérodiade, mais Salomé, la monstrueuse dualité qui exigera la tête de Saint Jean. Or, il n'est pas fait allusion à ce final épisode,

1. Il l'est devenu.

sauf par l'indication du caractère qui le doit
déterminer. Et je crois qu'il y a lieu de voir, en
cette éloquente suppression, une de ces muettes
indications que l'écrivain chargeait de s'exprimer plus haut que le verbe. Il s'agit donc de
livrer énigmatiquement le secret du pervers
féminin qui doit danser pour la décollation d'un
juste. Le poète procède ainsi, il nous montre
une jeune Vierge mystérieusement, furieuse-
ment jalouse de sa propre virginité, jusqu'à
repousser avec épouvante les gestes de sa vieille
nourrice qui s'offre à la coiffer et à l'oindre :
« Reculez ! », s'écrie la farouche Hérodiade,

> « O femme, un baiser me tûrait,
> Si la beauté n'était la mort... »

Et comme la servante se rapproche :

> « Arrête dans ton crime,
> Qui refroidit mon sang vers sa source ; et réprime
> Ce geste,.....
> Ce baiser, ces parfums offerts,...
> ... cette main encore sacrilège,
> Car tu voulais, je crois, me toucher... »

Mais la nourrice insiste :

> ... « J'aimerais
> Etre à qui le Destin réserve vos secrets.

HÉRODIADE

Oh ! tais-toi ?

LA NOURRICE

Viendra-t-il parfois ?

HÉRODIADE

Étoiles pures,

N'entendez pas !

LA NOURRICE

. . . . . pour qui, dévorée

D'angoisse, gardez-vous la splendeur ignorée
Et le mystère vain de votre être ?

HÉRODIADE

POUR MOI. »

Je souligne cette réponse, qui est le *qu'il
mourût* de Mallarmé, et qui nous livre le mot
de son héroïne. Elle s'exalte et proclamant à sa
nourrice tel motif de sa rétrospective fureur :

« C'est quand je me souviens de ton lait bu jadis ! »

Elle se compare, en sa virginité, aux tré-
sors à jamais ensevelis dans les profondeurs
du sol, et rhytme cette révélatrice incantation
d'une plus sauvage beauté que les languides
accents de la fille d'Hamilcar :

« Oui, c'est pour moi, pour moi, que je fleuris, déserte !
Vous le savez, jardins d'améthyste, enfouis
Sans fin dans de savants abîmes éblouis,
Ors ignorés, gardant votre antique lumière
Sous le sombre sommeil d'une terre première,
Vous, pierres où mes yeux comme de purs bijoux
Empruntent leur clarté mélodieuse, et vous,
Métaux qui donnez à ma jeune chevelure
Une splendeur fatale en sa massive allure !
Quant à toi, femme née en des siècles malins
Pour la méchanceté des antres sibyllins,
Qui parles d'un mortel devant qui, des calices
De mes robes, arôme aux farouches délices,
Sortirait le frisson blanc de ma nudité,
Prophétise que si le tiède azur d'été,
Pour lequel par instants la femme se dévoile,
Me voit dans ma pudeur grelottante d'étoile,
Je meurs !
      J'aime l'horreur d'être vierge, et je veux
Vivre parmi l'effroi que me font mes cheveux
Pour, le soir, retirée en ma couche, reptile
Inviolé, sentir en la chair inutile
Le froid scintillement de ta pâle clarté,
Toi qui te meurs, toi qui brûles de chasteté,
Nuit blanche de glaçons et de neige cruelle !

. . . .

Puis, après une accalmie où palpite ce beau vers :

> « l'azur
> Séraphique sourit dans les vitres profondes »,

le suprême aveu de la vierge s'exhale, son « suprême sanglot meurtri », avec le dernier accord du poème :

> « Vous mentez, ô fleur nue
> De mes lèvres ! j'attends une chose inconnue,
> Ou peut-être, ignorant le mystère et vos cris,
> Jetez-vous les sanglots suprêmes et meurtris
> D'une enfance sentant parmi les rêveries
> Se séparer enfin ses froides pierreries. »

C'est bien le suprême aveu, le suprême sanglot, le dernier accord ; mais leur répercussion leur survit ; elle ébauche le secret, lequel, je le tiens du poète lui-même, *n'est autre que la future violation du mystère de son être par un regard de Jean qui va l'apercevoir, et payer de la mort ce seul sacrilège ; car la farouche vierge ne se sentira de nouveau intacte et restituée tout entière à son intégralité, qu'au moment où elle tiendra entre ses mains la tête tranchée en laquelle osait se perpétuer le souvenir de la vierge entrevue.*

Tel est ce poème, dont, à défaut de Moreau, l'illustrateur aurait pu être encore, et plus expressivement, le singulier Aubrey Beardsley.

L'autre poème, amené, lui, à la célébrité, par l'interprétation musicale d'un Debussy, est cet *Après-midi d'un Faune,* dont je pus encore me procurer, lorsque je connus Mallarmé, un exemplaire en première édition, sur papier du Japon, orné (?) d'un griffonnage de Manet, et (sans doute pour l'amour de Lola de Valence) rattaché d'un double cordonnet alterné de rose et de noir.

Je n'essaierai pas de *traduire* cette *Églogue* ; la pensée du poète commence à s'y envelopper d'ombres à la fois opaques et diaphanes.

En ces sortes d'interprétations de Mallarmé, l'important, pour qu'elles offrent quelque intérêt, est de se tenir à égale distance entre la cécité volontaire des illettrés, et la compréhension de parti-pris, des zélateurs. L'illustre Crookes a fait faire un grand pas à la science psychique, en refusant de mentionner les apports phénoménaux pour n'enregistrer que les déviations infinitésimales. Souvenons-nous de cet exemple.

Avec *l'Après-midi,* le texte de Mallarmé s'obnubile. Sur un fond toujours scrupuleusement

prosodique, des courants d'idées circulent, tels
que des veines dans une agate, ou des taches
sur un marbre ; mais que d'interruptions et
de disparitions, qui font penser à cette « clarté
qui vient par surprise », dans certain vers
d'Hugo.

Des nymphes, plus que lascives, ce semble,
lasses

« De la langueur goûtée à ce mal d'être deux » ;

un faune musicien, aux modulations harmo-
nieuses et abstruses. En voici les plus claires :

« Je t'adore, courroux des Vierges, ô délice
Farouche du sacré fardeau nu qui se glisse
Pour fuir ma lèvre en feu buvant, comme un éclair
Tressaille ! La frayeur secrète de la chair :
Des pieds de l'inhumaine au cœur de la timide... »

Sans omettre ce tableau curieusement pittoresque :

« Ainsi, quand des raisins j'ai sucé la clarté,
Pour bannir un regret par ma feinte écarté,
Rieur, j'élève au ciel d'été la grappe vide
Et, soufflant dans ses peaux lumineuses, avide
D'ivresse, jusqu'au soir je regarde au travers. »

Et ces vers qui transposent comme un charme virgilien :

« Chaque grenade éclate et d'abeilles murmure »,

puis :

« A l'heure où ce bois d'or et de cendres se teinte.
Une fête s'exalte en la feuillée éteinte... »

En somme faune, moins de Fontainebleau que de Rambouillet et qui, nommant le baiser

« ce doux rien par leur lèvre ébruité »,

n'est pas bien loin de Cyrano, qui le définit :

« Baiser, point rose sur l'i du verbe aimer... »

Couronnons cette série de citations avec cette charmante

SAINTE

« A la fenêtre recélant
Le santal vieux qui se dédore
De sa viole étincelant
Jadis avec flûte ou mandore

Est la Sainte pâle, étalant
Le livre vieux qui se déplie
Du Magnificat ruisselant
Jadis selon vêpre et complie :

A ce vitrage d'ostensoir
Que frôle une harpe par l'Ange
Formée avec son vol du soir
Pour la délicate phalange

Du doigt que, sans le vieux santal
Ni le vieux livre, elle balance
Sur le plumage instrumental,
Musicienne du silence. »

J'y vois, dans le cadre d'une fenêtre lozangée
de vitraux, une extatique Cécile, les mains détachées de sa viole en un geste d'élévation vague,
semblant frôler un invisible instrument que le
poète devine être l'aile d'un ange, divine harpe
aux cordes de plumes, résonnant sans voix en
deux derniers vers, l'un de concise description,
l'autre de pénétrant mystère.

*
* *

Une curiosité, sans doute un caprice de l'euphuisme de Mallarmé, c'est la possibilité pour
lui, de se concilier avec certain grotesque voulu,
ou des mots grossiers; ainsi, ces enfants

« Qui, le poing à leur cul, singeront sa fanfare

. . . . .

Ils sont l'amusement des racleurs de rebec,
Des marmots, des putains.., »

Les deux *Chansons bas* offrent un typique
exemple de ce comique singulier, à la fois
gourmé et plaisantin, pince-sans-rire et funam-
bulesque (c'est dire Banvillesque). *Le Savetier :*

« Le lys naît blanc, comme odeur
Simplement je le préfère
A ce bon raccommodeur. »

Quant à *la Marchande d'herbes aromatiques*,
elle n'est autre qu'une jeune débitante de cette
lavande destinée à parfumer des endroits se-
crets ; mais le poète lui conseille plutôt de la
piquer dans sa chevelure pour

« Que le brin salubre y sente

. . . . .

Ou conduise vers l'époux
Les prémices de tes poux. »

Il est intéressant de placer en regard de ce
bizarre filon la très gracieuse veine de madrigal
qui fut une grâce de notre auteur.

Le suivant sonnet, souvent cité, en est le type accompli. Il en existe deux versions ; je citerai la première ; outre qu'elle est plus à mon goût, elle plaira mieux aussi à ceux que je désire renseigner. Mallarmé *polissait* et *repolissait*, resserrant sans cesse sa pensée, on sait avec quelle insistance, et sans toujours améliorer ainsi qu'il advint, notamment, à Ronsard.

Écoutez le

PLACET FUTILE

« J'ai souvent rêvé d'être, ô duchesse, l'Hébé
Qui rit sur votre tasse au baiser de tes lèvres,
Mais je suis un poète, un peu moins qu'un abbé
Et n'ai point jusqu'ici figuré sur le Sèvres.

Puisque je ne suis pas ton bichon embarbé,
Ni tes bonbons, ni ton carmin, ni tes jeux mièvres
Et que pourtant sur moi ton regard est tombé,
Blonde dont les coiffeurs divins sont des orfèvres !

Nommez-nous, vous de qui les souris framboisés
Sont un léger troupeau d'agneaux apprivoisés
Qui vont broutant les cœurs et bêlant aux délyres,

Nommez-nous... et Boucher, sur un rose éventail
Me peindra flûte en mains, ramenant ce bercail,
Duchesse, nommez-moi berger de vos sourires. »

Voilà bien notre Faune de Rambouillet; c'est
terriblement précieux, mais vraiment joli, bien
notamment le huitième vers, et le dernier.

Maintenant, pour l'intelligence de ce qui va
suivre, qui va nous révéler, dans son caractère,
comme dans son œuvre, un Mallarmé moins
connu, qu'on veuille bien se représenter un personnage mythique (je ne dis pas mystique) lequel,
s'il avait existé, ce qui est peu probable, aurait
joué dans l'existence et dans l'inspiration de notre
poète, le rôle d'une Béatrix profane, un contemporain composé de la Cynthia d'Ovide, de la
Laure de Pétrarque et de l'Hélène de Ronsard.
La dame, que nous appellerons, si vous voulez,
Chéry-Legrand, outre le placet ci-dessus et telles
autres pièces éparses dans l'œuvre, aurait encore
inspiré au poète les deux sonnets suivants, qui
ne figurent pas dans l'édition de Déman, et qui
sont, sinon tout à fait inédits, du moins plus
ignorés.

SONNET A ELLE

« O si chère de loin et proche et blanche, si
Délicieusement toi, Chéry, que je songe
A quelque baume rare, émané par mensonge
Sur aucun bouquetier de cristal obscurci.

Le sais-tu, oui ! pour moi voici des ans, voici
Toujours que ton sourire éblouissant prolonge
La même rose avec son bel été qui plonge
Dans autrefois, et puis dans le futur aussi.

Mon cœur qui, dans les nuits, parfois cherche à s'entendre
Ou de quel dernier mot t'appeler le plus tendre
S'exalte en celui rien que chuchoté de sœur.

N'était, très grand trésor et tête si petite,
Que tu m'enseignes bien toute une autre douceur
Tout bas par le baiser seul dans les cheveux dite. »

SONNET DU 1ᵉʳ JANVIER 1888·

« Chéry, sans trop d'aurore à la fois enflammant
La rose qui, cruelle ou déchirée et lasse
Même du blanc habit de pourpre, le délace .
Pour ouïr sous sa chair pleurer le diamant.

Oui, sans ces crises de rosée ! et gentiment
Ni brise si le ciel avec, orageux, passe,
Jalouse d'apporter on ne sait quel espace
Au simple au jour le jour très vrai du sentiment.

Ne te semble-t'il pas, Chéry, que chaque année
D'où sur ton front renaît la grâce spontanée
Suffise selon quelque apparence, et pour moi,

Comme un éventail frais dont la chambre s'étonne
A raviver du peu qu'il faut ici d'émoi,
Toute notre native amitié monotone. »

Le 1ᵉʳ janvier 1889 est fêté par cette

CHANSON

sur un vers composé par Chéry.

« Si tu veux nous nous aimerons
Avec la bouche sans le dire,
Cette rose tu l'interromps
Et verses du silence pire.

Aucuns traits émanés si prompts
Que de ton tacite sourire,
Si tu veux nous nous aimerons
Avec la bouche sans le dire.

Muet, muet entre ses ronds
Sylphe dans la pourpre d'empire
Un baiser flambant se déchire
Jusqu'aux pointes des ailerons.
Si tu veux nous nous aimerons. »

Sur ce thème palpite une infinité de légers
quatrains, de distiques pleins de badinages[1],

1. Inédits pour la plupart jusqu'aux derniers jours de 1920.

où passe comme un souffle des *Chansons des
Rues et des Bois* et qui se posent, tels que des
papillons, sur des livres, des éventails, des pho-
tographies ;

> « Pour un lotus bleu, don inepte,
> La blonde Starnabuzaï
> Le recevait comme on accepte
> Un abbé qui n'est point haï »,

écrivait Victor Hugo dans le livre que je viens
de nommer. C'est ainsi, « pour le don inepte »
et galant de tous les menus lotus bleus que nous
allons effeuiller, que notre « poète un peu moins
qu'un abbé » dut être reçu par la blonde Star-
nabuzaï de son rêve.

> « Un mot au coin que j'avertisse :
> La dame qu'ici vous voyez,
> Dans la fresque du Primatice
> A des cheveux blonds déployés. »

> « Blanche Japonaise narquoise
> Je me taille dès mon lever
> Pour robe un morceau bleu turquoise
> Du ciel à qui je fais rêver. »

« Sans les mettre dans vos souliers
Comme Noël aux châtelaines,
Déesse, il sied que vous fouliez
De votre pas nu ces fleurs vaines. » [1]

« Lilith [2] confie à votre soin
Le rejeton qu'elle a fait naître,
Pour qu'assis en un petit coin,
Ainsi vous revoyiez son maître. »

« Ta lèvre contre le cristal
Gorgée à gorgée y compose
Le souvenir pourpre et vital
De la moins éphémère rose. » [3]

« Voici la date, tends un coin
De ta fraîche bouche étonnée
Où la nature prend le soin
De te rajeunir d'une année. » [4]

1. En envoyant des fleurs.
2. Chatte de Mallarmé.
3. Avec un verre d'eau.
4. 1ᵉʳ avril 1887 — (Jour de la naissance de la Dame).

*
* *

« Paon[1], nous voici, par la merveille
De ton beau rire et du printemps,
Ramenés tous deux à la veille
Du jour où tu n'as que vingt ans »[2].

*
* *

« Les seuls fruits d'or sont où vous êtes,
N'allez pas vous enfuir demain,
Et le ciel reprendra ses fêtes
Sur un geste de votre main »[3].

*
* *

« A l'oubli, tendre défi d'ailes,
Les instants qu'ils nous ont valus
Attardés, inquiets, fidèles,
Voltigent autour des *Talus* »[4].

1. Nom d'amitié donné à la Dame.
2. 1er avril 1889.
3. Probablement à l'occasion d'un projet de départ pour le Midi.
4. « A Chéry. (Après la démolition de la Maison des Talus) ». 9 novembre 1890. Une photographie de la même demeure s'orne de ce distique :
      « Riante et sans air de détresse
      La maison attend sa maîtresse. »

« Que la Dame soit en joie ![1]
Sous cette pierre elle a mis
Le vœu que sa maison voie
Venir les mêmes amis. »

« Un an de moins, mignonne, est traître,
Au retour de chaque printemps,
Tu finiras par disparaître...
Il faut t'arrêter à vingt ans. »[2]

« Ma Chéry, pour faire semblant,
Dans une piscine éternelle
Trempe son pied au reflet blanc,
Mais la source jeune est en elle. »[3]

« Tu choisis ton temps pour renaître !
Tout de la fleur ivre et debout
Jusqu'au rayon de la fenêtre
Sourit, et tu fais comme tout. »[4]

1. Pour la reconstruction sans doute.
2. Anniversaire de 1891.
3. Évian 1891.
4. 1er avril 1892.

*
* *

« Fermé, je suis le sceptre aux doigts
Et, contente de cet empire,
Ne m'ouvrez jamais si je dois
Dissimuler votre sourire. »[1]

*
* *

« Là-bas, de quelque vaste aurore
Pour que son vol revienne vers
Ta petite main qui s'ignore
J'ai marqué cette aile d'un vers. »[2]

*
* *

« Musique dedans endormie
Il suffit pour te rendre aux cieux

---

1. Un éventail.

2. Autre éventail.

La femme et la fille du poète ont, elles aussi, leurs éventails, qui s'éploient en l'œuvre publiée. Le dernier est le plus charmant et contient, outre cette expressive définition de soi-même : « l'unanime pli », ces gracieux vers :

> « Une fraîcheur de crépuscule
> Te vient à chaque battement
> Dont le coup prisonnier recule
> L'horizon délicatement.
>
> Vertige ! Voici que frissonne
> L'espace comme un grand baiser
> . . .
>
> Le sceptre des rivages roses
> Stagnants sur les soirs d'or, ce l'est
> Ce blanc vol fermé que tu poses
> Contre le feu d'un bracelet. »

Que la bouche de cette amie
Ouvre son baiser gracieux. »

« Plus rapide à tire-d'aile
Que lui de prendre le train,
Un joyeux baiser fidèle
Devancera mon quatrain. »[1]

« Ceci, Seigneur, est mon livre de messe
Où je vous nomme et vous prie en latin
Afin qu'au ciel, dont je fus la promesse,
Triomphe tard mon sourire enfantin. »[2]

« Par un paraphe et des vers attestons
Que c'est pour vous, et non pour d'autres dames,
Seule Chéry, qu'à l'art nous demandâmes
Ce fier portrait du plus beau des vestons. » [3]

Le badinage s'accentue et se précipite, comiquement sérieux, toujours tendre, mais tournant au calembour, aux vers inspirés par la coca :

1. 15 août 1868 — (sans doute un des derniers quatrains).
2. Sur un paroissien.
3. Sur un portrait de lui-même.

« Tout ce noir charbon que tu verses
Parmi tes entrailles perverses,
Prends garde, après quelque bonheur,
Qu'il ne te naisse un ramoneur. »[1]

« J'aime à regarder Chéry
En qui tout, jusqu'au nez rit. »

« A tant manger je serais,
Non Diane, mais Cérès. »

« Une Dame à qui j'ai donné le nom de *Paon*
Possède, paraît-il, un fort joli tympan. »

« Quand sur mon tu-tul quelqu'un fait pan pan,
Je pousse des cris comme un petit paon. »

« J'ai cueilli pour que tu me crusses
Galant, ces violettes russes. »[2]

« Cette fleur comme toi la même chaque année
Est mon remercîment, Chéry, que tu sois née. »[3]

« Belle, ne laissez jamais choir
De larme sur ce fin mouchoir. »[4]

---

1. Sur un bocal de charbon de Belloc.
2. Bouquet.
3. Anniversaire.
4. A Madame Chéry-Legrand, qui m'avait prêté l'un de ses
mouchoirs, quand je manquais du mien. — En le lui rendant blanchi.

« Marie et Chéry, Magnier et Legrand
Sont de très hautes nymphes s'adorant. »

« On pourrait bien fouiller l'Europe et l'Améri-
Que, avant de rien trouver qui ressemble à Chéry. »[1]

Puis, ces menus *castigant ridendo ;*

« Soyez, mes yeux, à jamais étonnés :
Chéry-Legrand met ses doigts dans son nez !

Peut-elle, sur quels pipeaux
Les mettre mieux à propos ?

Chéry-Legrand, qu'on croirait une sainte,
Caresse aussi la bouteille d'absinthe.

Son doux œil est agrandi
Après le Cherry-Brandy.

En elle rien ne semble atone
Quand elle mange un panatone [2].

Elle a ce mignon travers
De comprendre un peu mes vers. »

A son tour, le *mirliton* du même à la même,
dont voici le déroulement fantasque :

1. Vu et estampillé par S. M.
2. Nom d'un gâteau milanais.

« Tous, de l'amitié ! Sans ça l'on
Ne saurait orner mon salon.

J'ai, sur ce mirliton rêveur,
Ma devise : « *Amor for ever* [1]. »

Augusta Holmès m'accommode
Comme femme et même comme ode [2].

A nos *five* Hortense Schneider
Ote sa pelisse d'eider.

Coppée, aussi je le reçois,
Reste l'honneur du vers François.

Quel chignon topaze ou saur
Subjugue à présent Champsaur ?

Quelquefois je nomme Adrien
Marx mon docteur, quand je n'ai rien.

Portalier, un cœur, mais des seins
Pas plus que tous les médecins.

Je m'accoude dans le bain
Aimant entendre Robin.

1. Un mot changé.
2. Sur une photographie du prix de Rome d'Henri Regnault :
Thétis apportant des armes à Achille : « Augusta Holmès in-
dique à ces messieurs qu'un casque est inutile ayant sa chevelure.

Mon goût correct s'est gendarmé
Contre ces vers de Mallarmé. »

Enfin épars sur des albums, des cahiers Japonais aux croquis de félins, de singes et d'oiseaux :

« Cette chatte humble et tendre à qui l'attache
Porte un paraphe illustre pour moustache. »

« J'aimerais que l'on attachât
A notre sonnette ce chat. »

« Ce triste hibou, s'il neige ou bruine,
N'a pas, aux Talus, trouvé de ruine. »

« On ne voit pas dans les rues
Tous les jours de telles grues. »

« La descendance d'un singe
Folle et vierge de tout linge
Se berce en grappe jusqu'au
Perchoir où songe Coco. »

« Dans ce monde ailé, rampant,
Le talent n'omit qu'un paon. »

« Gourmand comme une chatte ou comme une abbesse
Je vois sur ce feuillet une bouillabaisse. »

Et, pour conclure, ces dédicaces des neuf
cahiers de poésie :

1ᵉʳ cahier, exemplaire I. — De la très chère Chéry.

2ᵉ cahier, exemplaire I. — De la très blonde Chéry.

3ᵉ cahier, exemplaire I. — De la très blanche Chéry.

4ᵉ cahier, exemplaire I. — De la très bonne Chéry.

5ᵉ cahier, exemplaire I. — De la très jeune Chéry.

6ᵉ cahier, exemplaire I. — De la très tendre Chéry.

7ᵉ cahier, exemplaire I. — De la très sage Chéry.

8ᵉ cahier, exemplaire I. — De la très belle Chéry.

9ᵉ cahier, exemplaire I. — De la très Chéry-Legrand. »

Il y eut aussi une série d'adresses d'amis, en quatrains, dont je cite cet exemple :

« Je te lance mon pied vers l'aîne
Facteur, si tu ne vas où c'est
Que rêve mon ami Verlaine
Ru'Didot, hôpital Broussais. »

On trouverait sans doute moyen d'établir un ordre plus méthodique et plus méticuleux entre ces quatrains et ces distiques inédits, bien qu'ils n'aient guère, entre eux, d'autre rapport que celui d'être adressés à une seule personne. Je laisse à d'autres ce précieux soin. Quatrains et

distiques, je les ai donnés à peu près distribués
comme ils l'étaient, quand ils m'ont été donnés
à moi-même, en leur temps.

*   *
*

Approchons du gouffre obscur des proses.
Les abords en sont accessibles, tout comme
ceux des premiers poèmes. C'est encore, selon
Baudelaire, selon Poë, selon Aloÿsius Bertrand,
que débutent ces poèmes en prose. Dans *le phénomène futur*, « le montreur de choses passées »,
exhibe « une femme d'autrefois » à « une malheureuse foule vaincue par la maladie immortelle et le péché des siècles ». Dans la *plainte
d'automne*, le poète, veuf de son amie, écoute
l'orgue de Barbarie « l'instrument des tristes »
et « ne lance pas un sou par la fenêtre, de peur
de se déranger, ou de s'apercevoir que l'instrument ne chantait pas seul. » *Le démon de l'analogie*, déjà plus arcane, fait obséder l'esprit d'un
rêveur, par les idées et images correspondantes
aux « lambeaux maudits d'une phrase absurde » ;
le tout en apparence incohérent finit par rencontrer son explication dans la mise en présence

d'objets, qui semblent avoir impressionné de loin la pensée du bizarre promeneur. Le *pauvre enfant pâle* est comme la préventive complainte du guillotiné. Pour le moment, ce triste gosse n'est qu'un petit chanteur des rues, auquel le poète rend cet oracle tragique : « Et ta complainte est si haute, si haute, que ta tête nue qui se lève en l'air à mesure que ta voix monte, semble vouloir partir de tes petites épaules. Petit homme, qui sait si elle ne s'en ira pas un jour, quand, après avoir crié longtemps dans les villes, tu auras fait un crime?... »

« Ta tête se dresse toujours et veut te quitter, comme si d'avance elle savait... »

La pipe, reprise, refumée pour la première fois depuis un séjour à Londres, reporte, remporte, en une bouffée, un fumeur vers le rivage brumeux, et lui rappelle tendrement sa « pauvre bien aimée errante, en habits de voyageuse, » coiffée de ce chapeau « que les riches dames jettent en arrivant..., et que les pauvres bien aimées regarnissent pour bien des saisons encore. Autour de son cou, s'enroulait le terrible mouchoir qu'on agite en se disant adieu pour toujours ».

— *Un spectacle interrompu* n'est autre que celui patiemment guetté par les clients des mon-

treurs d'ours ; à savoir la révolte de ce dernier
contre son belluaire. Mallarmé l'interpréta autrement, spectateur « étonné de n'avoir pas
senti, cette fois encore, le même genre d'impression que ses semblables », et conclut de
cette étreinte un peu trop étroite, infligée par
le fauve à son « aîné subtil » qu'elle ne veut
que lui dire : « Explique-moi la vertu de cette
atmosphère de splendeur, de poussière et de
voix, où tu m'appris à me mouvoir. »

Réminiscence nous présente un petit frère du
pauvre enfant pâle, un orphelin errant « en
noir et l'œil vacant de famille ». La rencontre
d'un fils de pitre le lui fait regretter, au récit des
grimaces d'un père *farce*, d'une maman qui
mange de la filasse aux bravos de la foule. « Tu
ne sais rien, ajoute le narrateur, des parents
sont des gens drôles, qui font rire. » Et l'orphelin s'éloigne, « déçu tout-à-coup, de n'avoir
pas de parents. »

La *déclaration foraine* s'illumine de la fantaisie d'une belle promeneuse, soudainement in-
duite par un charitable élan, à se substituer au
phénomène manquant dans une baraque misé-
reuse.

Le *nénuphar blanc* est cueilli par le canotier, au retour et en souvenir d'une aquatique promenade employée à ne point voir, à entendre qu'à peine effleurer d'un pas le gravier, une mystérieuse riveraine.

L'ecclésiastique, de fantaisie macabre et bouffonne, nous fait assister aux solitaires et printaniers ébats d'un jeune abbé, sorte de Narcisse noir et capricant, traitant les touffes d'herbes comme « les bruns adolescents » traitent leurs « oreillers » dans les vers de Baudelaire. Personnage qu'on dirait échappé d'un livre de Daudet, pour se rouler dans cette syntaxe.

La gloire, l'écrivain vient d'apprendre à la connaître, et plus « rien ne l'intéressera d'appelé par quelqu'un ainsi ». C'est la forêt de Fontainebleau qui lui donne cette leçon, un jour qu'ayant pris le train, en même temps que nombre de voyageurs, pour y goûter les splendeurs de l'automne, il s'aperçoit que nul autre que lui n'a eu cette pitié envers la *glorieuse* forêt, et que le train l' « avait déposé là seul ».

Le *conflit* s'établit entre Mallarmé (toujours impersonnel, bien entendu) et des terrassiers qui, cette année-là, sous prétexte de travaux de voie ferrée, lui empoisonnent sa villégiature de Valvins, « le séjour chéri pour la désuétude et de l'exception, tourné par les progrès en cantine d'ouvriers de chemins de fer. » — « Je suis le malade des bruits (continue Mallarmé qui partage cette infirmité avec Madame Vigée-Lebrun) et m'étonne que presque tout le monde répugne aux odeurs mauvaises, moins au cri. » Et l'antagonisme s'établit entre l'écrivain et ses voisins bruyants. Mais le dimanche, avec sa soûlerie, vient à son tour terrasser ces manœuvres, et le poète rendu à son silencieux repos, rêve aux étoiles.

Mais ceci, anecdotes et poèmes, ne représente que bagatelles de la porte, « riens auxquels on a fait un sort exagéré » selon l'expression de Mallarmé dans sa préface.

Des portraits suivent : un croquis de Baudelaire[1], un Villiers en pied, « candidat à toute majesté survivante » en même temps que « désespéré seigneur perpétuellement échappé au tourment » avec toujours « dans l'aspect de l'homme devenu chétif, quelque trait saillant de l'apparition de jeunesse, à quoi il ne voulut jamais être inférieur. » L'oraison funèbre de

---

1. Je dois à la munificence de Mallarmé un très bel autographe de ce poète.

Verlaine ; des souvenirs sur Rimbaud « avec je ne sais quoi fièrement poussé, ou mauvaisement, de fille du peuple, j'ajoute, de son état blanchisseuse, à cause de vastes mains, par la transition du chaud au froid rougies d'engelures. Lesquelles eussent indiqué des métiers plus terribles, appartenant à un garçon. » — Tailhade, Beckford[1], annoncé par cette phrase digne de Flaubert : « Sous la tutelle des lords Chatham et Littleton, anxieux d'en faire un homme politique marquant, étudiait, choyé par sa mère et banni d'auprès d'elle pour l'achèvement d'une éducation somptueuse, le fils de feu le lord-maire Beckford, (de qui la fière adresse à Georges III se lit sur un monument érigé au Guildhall. ») — Tennyson, faute de qui « une musique qui lui est propre manquerait à l'Anglais ; » — Banville, « l'être de joie et de pierreries, qui brille, domine, effleure. » — Poë, semblable à un Whistler, en leur « tragique coquetterie noire, inquiète et discrète » ; — Whistler « un Monsieur rare... l'enchanteur d'une œuvre de mystère... » — Manet « chèvre-pied au pardes-

1. Cet ordre est incohérent, mais je dois l'avoir établi d'après celui du volume.

sus mastic, barbe et blond cheveu rare, grisonnant avec esprit. » — Berthe Morisot « avec une
pointe de xviiie siècle exaltée de présent... et
quelque chose d'élyséennement savoureux. » —
Enfin, Wagner, magnifiquement festoyé de cette
prière : « Voilà pourquoi, Génie! moi, l'humble
qu'une logique éternelle asservit, ô Wagner, je
souffre et me reproche, aux minutes marquées
par la lassitude, de ne pas faire nombre avec
ceux qui, ennuyés de tout afin de trouver le
salut définitif, vont droit à l'édifice de ton Art,
pour eux le terme du chemin: Il ouvre, cet
incontestable portique, en des temps de jubilé
qui ne le sont pour aucun peuple, une hospitalité
contre l'insuffisance de soi et la médiocrité des
patries ; il exalte des fervents jusqu'à la certitude : pour eux ce n'est pas l'étape la plus grande
jamais ordonnée par un signe humain, qu'ils
parcourent avec toi cómme conducteur, mais le
voyage fini de l'humanité vers un Idéal. »

Les *crayonnages* sur le théâtre, lequel n'est
point fait pour qui « se suffit, avec la tenture de
ses songes » traitent de Hamlet « dans sa tradi-
tionnelle presque nudité sombre... au charme
tout d'élégance désolée » auprès d'un Polonius
« figure cómme découpée dans l'usure d'une

tapisserie pareille à celle où il lui faut rentrer pour mourir... tas de loquace vacuité gisant que plus tard il (Hamlet) risquerait de devenir à son tour, s'il vieillissait. » —. *Les ballets* nous font admirer au-dessous de « quelques coups d'épingle stellaires en une toile de fond bleue... les roses qu'enlève et jette en la visibilité de régions supérieures un jeu de chaussons d'un satin pâle vertigineux. » — La Loïe Füller, « en une fantasmagorie oxyhydrique de crépuscule et de grotte... se propage, alentour, de tissus ramenés à sa personne, par l'action d'une danse... et au bain terrible des étoffes, se pâme, radieuse. »

Le *Vers*, dans l'étude qu'il lui consacre, le poète le proclame en état de *crise,* non sans nous avoir fort heureusement garanti dans un précédent essai, la sauvegarde de notre prosodie, grâce au Parnasse contemporain dont il définit bien l'effort : « Simplement resserrer une bonne fois, avant de le léguer au temps, en condition excellente, avec l'accord voulu et définitif, un vieil instrument parfois faussé, le vers français, et plusieurs se montrèrent dans ce travail, d'experts luthiers. » Nonobstant, Mallarmé déclare vaincu en lui par des « infractions volontaires » et de « savantes dissonances » de ce qu'on a appelé le vers libre, le « pédant qui se fut, il y a quinze ans, à peine révolté, comme devant quelque sacrilège ignare. »

Dans ses trois chapitres sur le *Livre,* Mallarmé nous ébauche une théorie d'art et de style, nous confie un peu de son secret, secret d'âme aussi, de méconnaissance, de mélancolie : « méditer, sans traces, devient évanescent... l'encrier, cristal comme une conscience, avec sa goutte, au fond, de ténèbres... *avec le rien de mystère indispensable, qui demeure, exprimé, quelque peu* » (à savoir : qui survive à l'expression ne le livrant pas tout entier). — *Le Mystère dans les Lettres,* qui en est la conclusion personnelle, trahit quelque mécontentement moins impassible, plus immédiat, et dut être tracé sous le coup d'un méchant procédé, d'autant plus sensible au « Monsieur plutôt commode, écrit Mallarmé, que certains observent la coutume d'accueillir par mon nom » ; oui, sous le coup d'un article bêtement injurieux d'où résulte une colère hautaine, mais tout de même douloureuse. Déjà il avait formulé plus haut : « Tristesse que ma production reste, à ceux-ci, par essence, comme les nuages au crépuscule, ou des étoiles, vaine. » Il se sent, « enveloppé dans une plaisanterie immense et médiocre » désigné comme « suppôt d'ombre » et l'un de ceux qui désormais ne pourront placer un mot sans que la foule lui crie : « Comprends pas! » — l'innocent annonçât-il se moucher. » — Il condamne les individus, qui, « parce qu'ils puisent à un encrier sans nuit » croient devoir, à l'égard des écrivains mystérieux, « déverser en un chahut la vaste incompréhension humaine. » Leur « entreprise » à eux « ne compte pas littérairement ». Elle consiste à « exhiber les choses à un imperturbable premier plan, en camelots activés par la pression de l'instant' », au lieu de « tendre le nuage précieux flottant sur l'intime gouffre de chaque pensée. »

Au lieu « du labyrinthe illuminé par des fleurs, ces *ressasseurs* n'ont à offrir sur une route migraineuse qu'un blanc mur en platras aveuglant où même la réclame hésite à s'inscrire » et sans autre verdure que celle des « culs de bouteille et des tessons ingrats. » — « Notre littérature — ajoute Mallarmé — dépasse le *genre* correspondance ou mémoires. » Sa phrase, qui semble balbutier, par l'emploi des incidentes, « s'enlève en quelque équilibre supérieur, à ba-

lancement prévu d'inversions. » Et récusant
« l'injure d'obscurité » il retourne à ses adver-
saires celle « d'incohérences, de rabâchages, de
plagiat et de platitude. » — « Je préfère, con-
clut-il devant l'agression, rétorquer que des contemporains ne savent pas lire. » Et, quelques
pages plus loin, indiquant « une parité secrète,
entre la magie et le sortilège que restera la poésie », par « le Vers, trait incantatoire » et « le
cercle que perpétuellement ouvre et ferme la
rime ».en « une similitude avec les ronds parmi
l'herbe, de la fée et du magicien », avec enfin,
ce seul « dosage subtil d'essences, délétères ou
bonnes » que sont « les sentiments », il s'incline
à cet aveu catégorique : « peut-être personnellement me suis-je complu à le marquer, par des
essais, dans une mesure qui a outrepassé l'apti-
tude à en jouir consentie par mes contemporains. »

Ce propos est trop définitif pour y rien ajouter. Il a le mérite d'anéantir pour *les contemporains qui savent lire,* cette donnée courante
d'un Mallarmé mystificateur s'étant fait une
rusée spécialité et une marque de fabrique
d'amphigouris malignement enchevêtrés, à dessein d'ahurir le badaud et d'épater le bourgeois.

Non, desservant hautain d'un culte ésotérique, il « traîne les gazes d'origine » et se sent en lutte avec « le gâchis en faveur. » — Huysmans l'a bien intensivement dépeint dans ce passage :

« Ce poète qui, dans un siècle de suffrage universel et dans un temps de lucre, vivait à l'écart des lettres, abrité de la sottise environnante par son dédain, se complaisant, loin du monde, aux surprises de l'intellect, aux visions de sa cervelle, raffinant sur des pensées déjà spécieuses, les greffant de finesses byzantines, les perpétuant en des déductions légèrement indiquées, que reliait à peine un imperceptible fil. — Ces idées nattées et précieuses, il les nouait avec une langue adhésive, solitaire et secrète, pleine de rétractions de phrases, de tournures elliptiques, d'audacieux tropes.

« Percevant les analogies les plus lointaines, il désignait souvent d'un terme donnant à la fois par un effet de similitude, la forme, le parfum, la couleur, la qualité, l'éclat, l'objet ou l'être auquel il eut fallu accoler de nombreuses et de différentes épithètes pour en dégager toutes les faces, toutes les nuances s'il avait été simplement indiqué par son nom technique. Il parvenait ainsi à abolir l'énoncé de la comparaison qui s'établissait toute seule, dans l'esprit du lecteur, par l'analogie, dès qu'il avait pénétré le symbole, et il se dispensait d'éparpiller l'attention de chacune des qualités qu'auraient pu présenter un à un les adjectifs placés à la queue leu-leu, la concentrait sur un seul mot, sur un tout produisant comme pour un tableau, par exemple, un aspect unique et complet, un ensemble. — Cela devenait une littérature condensée, un coulis essentiel, un sublimé d'art... ».

Nous sommes, du reste, à l'issue du livre. Qu'il nous suffise donc de noter encore ce passage sur « le numéraire, engin de terrible précision ». — « Aux fantasmagoriques couchers du soleil, quand croulent seuls les nuages, en l'abandon que l'homme leur fait du rêve, une liquéfaction de trésor rampe, rutile à l'horizon : j'y ai la notion de ce que peuvent être des sommes, par cent et au delà, égales à celles dont l'énoncé dans le réquisitoire, pendant un procès financier, laisse, quant à leurs existences, froid. — ... Si un nombre se majore et recule, vers l'improbable, il inscrit plus de zéros : signifiant que son total équivaut spirituellement à rien, presque. — ... en raison du défaut de la monnaie à briller abstraitement, le don se produit chez l'écrivain, d'amonceler, la clarté radieuse avec des mots qu'il profère comme ceux de Vérité et de Beauté. » — Encore, cette description d'Oxford : « le même (sol de l'Angleterre) où habitent des provinces de fer et de poussier, populeuses, supporte la jumelle floraison, en marbre, de cités, construites pour penser. — Notre échafaudage semble agencé provisoirement en vue que rien, analogue à ces recueillements privilégiés, ne verse l'ombre doctorale, comme une robe, autour de la marche de quelques messieurs délicieux. » Des portraits encore : celui très véridique et très digne de « Monsieur Octave Mirbeau qui sauvegarde certainement l'honneur de la presse en faisant que toujours y ait été parlé, ne fût-ce qu'une fois, par lui, avec quel feu, de chaque œuvre d'exception. » — Cet autre très comique de Ponsard qui, Hugo *regnante* « joua l'obligation de frénétiquement surgir faute de quelqu'un ; et se contraignit après tout à des efforts qui sont d'un vigoureux carton. » Enfin et terminons nos citations sur cet envol d'un journal « près des roses, jaloux de couvrir leur ardent et orgueilleux conciliabule ».

Il me reste maintenant à parler de Mallarmé, tel que je l'ai connu, vers 1879, avant sa relative célébrité, au cours de laquelle un silencieux malentendu précédant une muette réconciliation, nous sépara environ dix années. Qu'on me permette de citer tout exceptionnellement ces fragments d'une correspondance parce qu'elle témoigne de sa profonde sensibilité, de sa parfaite bonne grâce.

87, rue de Rome.

Mercredi soir, 9 avril 1879.

CHER MONSIEUR DE MONTESQUIOU,

J'ai voulu tous ces jours-ci, sans le pouvoir,
vous serrer la main sur un bout de papier.
Votre carte, qui accompagnait l'amical envoi
fait à mon baby, était bordée de deuil, et je
crains que vous n'ayez eu la douleur de perdre
votre sœur. Si je me trompe, comme je veux
l'espérer, chassez aisément cette noire appré-
hension que vous porte ma lettre. Autrement,
croyez que je sympathise avec tout chagrin qui
peut vous atteindre. — Gardez, dans l'un et
l'autre cas, de ce mot hâtif, mon silencieux
pressement de mains. A bientôt, n'est-ce pas?
Voici que fatigué du travail de l'hiver, je vais
passer une dizaine de jours près de Fontainebleau, avec ma fille, laissant, hélas! ma femme
près d'Anatole tout endolori de rhumatismes.
Mais au retour, donnons-nous signe de vie.

Votre

S. M.

Paris, 87, rue de Romè.

Dimanche, 10 août 1879.

Cher Monsieur de Montesquiou,

Je crois que votre délicieuse petite bête [1], feuillage anticipé, a distrait le mal de notre patient, à qui la campagne va être permise. Si de premiers indices de convalescence s'affirment d'aujourd'hui à demain, ou après, il se peut que nous partions tout de suite, le temps le voulant bien. — Avez-vous entendu d'où vous êtes (je l'ignore et vous parle à Paris) tous les cris de joie de notre malade, ne quittant des yeux que pour les fermer sur son bonheur, la merveilleuse princesse captive dans un palais merveilleux, qui s'appelle Sémiramis à cause des jardins de pierreries dont elle porte le reflet? J'aime à croire que cette satisfaction longtemps improbable d'un vieux désir a été pour quelque chose dans l'effort d'une santé qui veut revenir; même sans évoquer comme un mage, la secrète influence de pierre précieuse dardée continuellement de la cage, par son habitante, sur l'enfant.

1. Un oiseau des îles envoyé à l'enfant malade.

Que vous avez été charmant et amical, vous si pris de tous côtés, pendant ces derniers temps ; et ce m'est plus qu'un plaisir de vous annoncer, avant personne, que je crois tous nos soucis, dissipés dans le futur.

C'est à Valvins, près de Fontainebleau, que nous allons bientôt ; et il faut qu'avant la fin de la saison, car septembre sera très beau, vous veniez avec moi, vous enfoncer un jour sous la forêt. Je vous souhaite quelque lame *venue des mers du loin*, comme dit Poë, si vous êtes en train de vous baigner.

Votre main,

S. M.

Valvins, près Fontainebleau.

Mardi, 9 septembre 1879.

Mon cher Monsieur de Montesquiou,

Ainsi vous nous avez trouvés tous envolés ! C'était avec espoir et joie, vous savez, nous avons tant de fois parlé de cette fuite à la campagne. Malheureusement, au bout de quelques jours, tout, le mauvais temps aidant à la mauvaise santé, s'assombrit : nous avons traversé

les heures les plus cruelles que nous ait causées
notre malade mignon, car des symptômes que
nous croyions disparus à jamais se sont repré-
sentés; ils s'installent à présent. Les améliora-
tions anciennes n'ont été que factices, et le combat de la maladie me semble se livrer maintenant. La campagne nous procure l'expérience
déjà commencée d'une diète lactée dont un médecin espère grand bien. Je suis trop tourmenté
et même trop pris matériellement par notre
pauvret, pour rien faire littérairement, que tra-
cer quelques notes rapides.

Vous, où en êtes-vous? Je vois par le timbre
de votre lettre que vous avez pris à pleins poings,
quelques heures au moins, la crinière des
vagues, c'est un divertissement salutaire et
noble. Que vous seriez charmant de venir une
fois en notre verdure! vous nous trouveriez fort
en désarroi, et vous contenteriez d'un coin de
table vite mise, aux moments des repas; mais
notre bonne amitié jetterait là son voile, ou sa
nappe. *Tole* parle bien de vous, et se plaît
même, le matin, à gentilment imiter votre voix.
La perruche dont le ventre aurore semble s'en-
flammer de tout un orient d'épices, regarde en
cet instant d'un œil la forêt, et le lit de l'autre,

comme un désir empêché de promenade qu'aurait son petit maître.

Au revoir ; bien votre main,

Stéphane Mallarmé.

Paris, 87, rue de Rome.

Mardi, 6 octobre 1879.

Mon cher Monsieur de Montesquiou,

Votre bonne lettre m'a dit les premières paroles amies que nous devions recevoir à Paris, quand je la trouvai, le soir de notre retour tant appréhendé. Grâce à des précautions inouies, tout s'est bien passé, ou sans accident sur le moment même ; mais le minet a payé de plusieurs journées mauvaises la tension de sa petite énergie. Il est en proie à une inexplicable et affreuse toux nerveuse, sans laquelle il passerait de douces journées de malade avec un peu de sommeil et de faim ; cela l'ébranle tout un jour et toute une nuit... Je l'ai confié tout de suite au plus grand spécialiste du cœur, qui nous a donné un de ses confrères jeune et notoire avec qui il consultera dans quelques jours. Le pauvre petit se trouve dans des mains exceptionnelles, et s'il peut être sauvé le sera.

Je m'appesantis sur tout avec vous comme on parle à un ami ancien ; mais vous nous montrez tant de charmante sympathie. — Oui, je suis bien hors de moi, et pareil à quelqu'un sur qui souffle un vent terrible et prolongé. Veilles, émotions contradictoires de l'espoir et de la crainte soudaine, ont supplanté toute pensée de repos là-bas, mais ne sont rien à côté du combat si multiple qu'il va me falloir soutenir ici contre mille soucis. Pas de travail de longtemps ! Je ne savais pas cette flèche terrible dirigée sur moi de quelque coin d'ombre indiscernable...

Votre main et bien à vous. Mon petit malade vous sourit de son lit, comme une fleur blanche qui se rappelle au soleil parti.

Stéphane MALLARMÉ.

Mercredi,

MON CHER MONSIEUR DE MONTESQUIOU,

Au moment où je portais un mot pour vous à la poste, notre cher enfant nous a quittés, doucement, sans le savoir, je ne veux pas que vous

appreniez notre malheur par la lettre de faire-
part. Le pauvre petit adoré vous aimait bien.

Stéphane MALLARMÉ.

Paris, 87, Rue de Rome,

MON CHER MONTESQUIOU,

Vous êtes celui que je serai toujours heureux
de voir : car si nos esprits s'accordent, je ne sais
pourquoi, aussi vous avez d'autre part établi
entre nous maints liens d'une sympathie intime.
Ou plutôt si ! Je me rends compte qu'avec votre
pénétration vraie vous avez lu beaucoup du
charme de l'être délicieux qui fut notre trésor et
la joie d'ici ; et maintenant vous ne l'oubliez pas.
Je vous remercierai.

Votre

Stéphane MALLARMÉ.

Poignant ressouvenir que ne pourrait qu'af-
faiblir tout commentaire. Et pourtant j'ai parlé
d'un malentendu noué silencieusement, dénoué
de même, mais non sans une gêne et une tristesse que la mort seule dénoua.

Voici encore deux billets, à propos de mes livres :

« Vous êtes un ample et ingénieux magicien. Merci du livre que vous laissâtes si amicalement, un jour de cet été. Mille fois je m'y suis promené et reposé, et j'en ai surveillé l'ensemble fastueux ; il s'exhale, de son infini jardin, un très puissant enchantement. La luxuriance, quand c'est la multiplication de la délicatesse, est, tout à fait, un aspect de la poésie. Vous me l'avez indiqué, dans cette rare lecture, jusqu'ici comme personne. La sensation donnée paraît celle de quelqu'un de supérieur existant en vers, suavement, éperdûment ou à l'orientale, d'un génie résumant la rosée possible de tant de fleurs. Je suis heureux de posséder le *Chef des Odeurs Suaves*. Recevez mon amitié.

S. M.

Valvins par Avon, 22 juillet 1895.

Mon cher Poète,

La croyance a ceci que quelques-uns pensent exclusivement en vers, et ne sauraient ne pas le faire, vous l'illustrez jusqu'aux délices dans ce surprenant livre *le Parcours du Rêve au Souvenir;* dans lequel, je dirai, vous respirez en vers. Le millier de bulles vitales et chantantes s'assemble dans un diaphane suspens de kiosque où entre les perles au rire isolé, tout à coup de grandes harmonies, belles comme sous un retour invisible de lointain. A mon ravissement, c'est très mille et une nuits spirituelles, illumi-nations par un génie éblouissant et narquois, qui sait que l'office du poète est d'abord de donner une fête.

Votre lecteur

S. M.

« Exclu de toute participation aux déploiements de beauté officiels » selon une expression de lui, que je retrouve dans Carlyle[1], la participation lui suffisait, aux déploiements de beauté de sa forêt de Fontainebleau. C'est là que je le vis une dernière fois en un pique-nique d'automne. Y prenaient part les Mirbeau et les Rodenbach. L'auteur de l'*Après-Midi* s'était levé de bon matin, pour balayer de tout papier incon-

---

1. « Partout exclu, comme sur l'eau flotte l'huile, de toute participation à un emploi quelconque... » Sartor Resartus.

gru ses chers sous bois. C'est qu'il avait comme une pudeur pour ces arbres royaux, l'homme qui s'écriait : Palmes ! comme un autre se fut écrié : Peste !

Il me plairait l'avoir humanisé, sans le vulgariser, l'avoir rendu plus familier à ses proches, mieux accessible à de plus distants, l'auteur que ses disciples défendent déjà contre l'accusation de ne pas se montrer strictement grammatical ; l'auteur dont s'inspire aujourd'hui Monsieur Hervieu, au dire d'un journal du matin[1], l'auteur dont, qui sait ? on écrira peut-être quelque jour :

Enfin *Mallarmé* vint, et le premier en France...[2]

1. Le *Gaulois*, 15 janvier 1900.

2. Le vœu que j'exprimais, page 255, vient de se réaliser amplement du fait d'une hérédité documentée et pieuse, à l'effort de laquelle nul ne peut plus prétendre ajouter qu'une glane d'épis oubliés ou omis et l'apport d'une contribution particulière.

Griffonnages en différents sens

Une conclusion s'impose. Voici trois artistes exceptionnellement doués, passés maîtres dans leurs moyens de rendre qu'ils excèdent jusqu'à se perdre dans le brouillard, l'un des couleurs : Monticelli ; l'autre des formes : Bresdin ; le troisièmes des tropes : Mallarmé. Or, ce cas nous est connu ; il a été magistralement enregistré deux fois par le grand Honoré de Balzac.

Le premier est *Gambara*, ce musicien de génie et de folie, « poussant à l'extrême le principe musical, ce qui lui fait dépasser le but », selon l'expression de l'écrivain.

Le second, plus concis et caractéristique, est cet élève de Mabuse, l'étrange et mystérieux Frenhofer du *Chef-d'œuvre inconnu*, « un homme

qui voit plus haut et plus loin que les autres
peintres » et qui ayant « profondément médité
sur les couleurs, sur la vérité absolue de la
ligne, est arrivé à douter de l'objet même de
ses recherches » ; l'artiste qui veut exprimer non
« l'apparence de la vie, mais son trop plein qui
déborde, ce je ne sais quoi qui est l'âme peut-
être et qui flotte nuageusement sur l'enveloppe. »
Écoutez-le parler à Porbus et à Poussin débutant :
« *En partant du point extrême où vous arrivez,*
on ferait peut-être d'excellente peinture... » et, ce
disant, il trempe « avec une vivacité fébrile, la
pointe de la brosse dans les différents tas de
couleurs dont il parcourt la gamme entière plus
rapidement qu'un organiste de cathédrale ne parcourt l'étendue de son clavier à l'*O Filii* de
Pâques. » — Le bonhomme daigne retoucher un
tableau de Porbus et lance des onomatopées
familières aux peintres à leur travail, et qui
semblent scander les touches ; nous en retrouve-
rons plus tard de similaires dans une lettre
célèbre de Corot [1] : « Paf ! paf ! paf ! voilà comment cela se beurre, jeune homme ! — lance
Frenhofer — venez mes petites touches, faites

___

1. J'en ai noté de telles chez Wihstler.

moi roussir ce ton glacial. Allons donc! Pon! pon! pon! disait-il en réchauffant les parties où il avait signalé un défaut de vie... »

Un véritable maître doit faire passer dans sa toile : « l'air, le ciel, le vent que nous respirons, voyons et sentons »; les tresses de cheveux doivent remuer ; « l'ombre n'est qu'un accident... les ombres des peintres ordinaires sont d'une autre nature que leurs tons éclairés ; c'est du bois, de l'airain, c'est tout ce que vous voudrez, excepté de la chair dans l'ombre. On sent que si leur figure changeait de position, les places ombrées ne se nettoieraient pas et ne deviendraient pas lumineuses ». — Et après avoir traité de barbouillages, de fort belles études de lui qui ornent l'atelier, il parle à ses deux compagnons de son chef-d'œuvre, un tableau voilé auquel il travaille depuis dix ans ; une figure de femme ébauchée « dans un ton clair avec une pâte souple et nourrie ». — « Comme une foule d'ignorants qui s'imaginent dessiner correctement parce qu'ils font un trait soigneusement ébarbé, poursuit Frenhofer, je n'ai pas marqué sèchement les bords extérieurs de ma figure et fait ressortir jusqu'au moindre détail anatomique, car le corps humain ne finit pas par des lignes... La nature comporte une suite de rondeurs qui s'enveloppent les unes dans les autres... La distribution du jour donne seule l'apparence au corps! Aussi n'ai-je pas arrêté les linéaments, j'ai répandu sur les contours un nuage de demi-teintes blondes et chaudes qui fait que l'on ne saurait précisément poser le doigt sur la place où les contours se rencontrent avec les fonds ». — Et le vieillard se décide à montrer à ses deux admirateurs l'œuvre qu'il leur propose pour modèle. « Ah! ah! s'écrit-il, vous ne vous attendiez pas à tant de perfection! vous êtes devant une femme et vous cherchez un tableau. Il y a tant de profondeur sur cette toile, l'air y est si vrai que vous ne pouvez plus le discerner de l'air qui nous environne. *Où est l'art? perdu, disparu!* Voici les formes mêmes d'une jeune fille. N'ai-je pas bien saisi la couleur, le vif de la ligne qui paraît terminer le corps? N'est-ce pas le même phénomène que nous présentent les objets qui sont dans l'atmosphère comme les poissons dans l'eau? Admirez comme les couleurs se détachent du fond... Aussi, pendant sept années, ai-je étudié les effets de l'accouplement du jour et des objets ». Or, les deux spectateurs se trouvent devant une toile chargée de « couleurs confusément amassées et contenues par une multitude de lignes bizarres qui forment une muraille de peinture. » Mais le vieillard continue : « Il faut de la foi dans l'art, et vivre pendant longtemps avec son œuvre pour produire une semblable création. Quelques-unes de ces ombres m'ont coûté bien des travaux. Tenez, il y a là sur la joue, au-dessous des yeux, une légère pénombre qui, si vous l'observez dans la nature, vous paraîtra presque intraduisible. Eh bien ! croyez-vous que cet effet ne m'aît pas coûté des peines inouïes à reproduire? Mais aussi, mon cher Porbus, regarde attentivement mon travail, et tu comprendras mieux ce que je te disais sur la manière de traiter le modelé et les contours. Regarde la lumière du sein, et vois comme, *par une suite de touches et de rehauts fortement empâtés, je suis parvenu à accrocher la véritable lumière* et à la combiner avec la blancheur des tons éclairés, et comme, par un travail contraire, en effaçant les saillies et le grain de la pâte, j'ai pu, à force de caresser le contour de ma figure, noyé dans une demi-teinte, ôter jusqu'à l'idée de dessin et de moyens artificiels, et lui donner l'aspect de la rondeur même de la

nature. Approchez, vous verrez mieux le travail.
De loin, il disparaît. Tenez, là, il est, je crois,
très remarquable ». — Et du bout de sa brosse,
il désignait aux deux peintres une pâte de
couleur claire. — « Là, finit notre art sur la
terre ! » conclut l'un des deux assistants, « mais
tôt ou tard, il verra qu'il n'y a rien sur sa toile ».
— Et le vieillard, qui a entendu, s'indigne, puis
s'affole : « Aurais-je donc gâté mon tableau ? »
— Mais il se rassure, et rentrant dans son illusion : « Moi, je la vois, s'écrie-t-il, elle est merveilleusement belle ! »

N'avez-vous pas tout d'abord reconnu Monticelli dans ce peintre qui voit plus haut et plus
loin que les autres peintres et qui a profondément médité sur les couleurs ? qui ne veut pas
de l'apparence de la vie, mais la vie elle-même,
et qui parcourt la gamme des tons comme un
organiste ; qui fait passer dans sa toile l'air,
le ciel et le vent, vivre les femmes et flotter
leurs chevelures ; qui veut que l'art se perde
et disparaisse, avec les formes, dans l'atmosphère
et qui, par une suite de touches et de rehauts
fortement empâtés, dans une pâte souple et

nourrie, accroche la véritable lumière? —
Et ne mérite-t-il pas d'être assimilé au chef-
d'œuvre de Frenhofer, ce dernier chef-d'œuvre
de Mallarmé intitulé : *Un coup de dé n'abolira
jamais le hazard,* ce cahier d'une vingtaine
de vastes pages blanches où des mots se pro-
jettent en caractères divers et retombent, tantôt
un par un, ou tantôt par des cascades de fusées
obscures, entre lesquelles un mot aux lettres
géantes éclate et se prolonge ténébreusement,
tel que la redescente d'une noire étoile en
une sombre chandelle romaine? Chef-d'œuvre
inconnu, que les plus convaincus disciples du
poète proclament entre tous déconcertant, et
qui ne porte plus même trace de ce pied divin
que, dans son tableau, Frenhofer, comme invo-
lontaire marque d'un art passé, *d'un art dépassé,*
avait laissé survivre « à une lente et progressive
destruction ».

Oui, Mallarmé nous apparaît à son tour dans
cet artiste qui cache sa production pour en jouir
seul ; qui traite de barbouillages ses premiers
travaux justement admirés, et s'enferme dix ans
avec son œuvre, toute pleine aussi d'empâtements de pensée, dans lesquels les lecteurs ne
voient (comme beaucoup aussi dans l'œuvre de

Bresdin) que confusion de lignes bizarres,
que « *griffonnages en différents sens* », pour
conclure ce recueil par un intitulé du géant
Van Ryn, lequel exprime en son dédai-
gneux libellé le dernier mot de toute pensée
humaine...

TABLE

TABLE

ERRATA

Page 185, ligne 16,
au lieu de : « Jugez plutôt : *lire :* Jugez plutôt :

Page 231, ligne 19,
au lieu de : personnage, *lire :* mythe,

Page 250, note 1,
au lieu de : 1868, *lire :* 1898,

Page 289, ligne 26,
au lieu de : beaucoup aussi, *lire :* beaucoup de gens encore

ACHEVÉ D'IMPRIMER

le onze janvier mil neuf cent vingt et un

PAR

L'IMPRIMERIE ORLÉANAISE

à Orléans

pour

E. SANSOT